现代船舶电站操作与维护

XIANDAI CHUANBO DIANZHAN CAOZUO YU WEIHU 第2版

主编 ◈ 高兴斌

主审 ◈ 张桂臣

大连海事大学出版社

DALIAN MARITIME UNIVERSITY PRESS

ⓒ 高兴斌　　2024

图书在版编目（CIP）数据

现代船舶电站操作与维护／高兴斌主编 . — 2 版
. — 大连：大连海事大学出版社，2024. 10
ISBN 978-7-5632-4556-7

Ⅰ.①现…　Ⅱ.①高…　Ⅲ.①船用电站—操作 ②船用
电站—电机维护　Ⅳ.①U665.12

中国国家版本馆 CIP 数据核字（2024）第 111320 号

大连海事大学出版社出版

地址:大连市黄浦路523号　邮编:116026　电话:0411-84729665(营销部)　84729480(总编室)
http://press. dlmu. edu. cn　E-mail:dmupress@ dlmu. edu. cn

大连金华光彩色印刷有限公司印装　　　　　大连海事大学出版社发行

2012 年 7 月第 1 版　　　2024 年 10 月第 2 版　2024 年 10 月第 1 次印刷
幅面尺寸:184 mm×260 mm　　　　　　　　　印张:10.25
字数:251 千　　　　　　　　　　　　　　　印数:1~1500 册

出版人:刘明凯

责任编辑:张　华　　　　　　　　　　　　责任校对:刘若实
封面设计:张爱妮　　　　　　　　　　　　版式设计:张爱妮

ISBN 978-7-5632-4556-7　　定价:29.00 元

内容提要

本书按照 MES 模块化教育模式进行编写,共分为 5 篇,16 个学习单元,其中每一篇为一个学习模块。模块,即船舶电站设备操作与维护中具有代表性的、能反映某方面技术要求的典型设备、系统或实例,包括船舶电力系统及配电装置、船用发电机、船舶应急电源及蓄电池、自动化电站和船舶高压电力系统;而完成模块功能所需的某方面应知基础理论学习和应会基础技能训练构成一个学习单元。

本书重视船舶电站系统电路识图的学习,除介绍具体的看图方法外,还附有实例船舶主配电板、应急配电板图纸 29 张。

书后另附有船舶电站与高压电力系统方面的英文词汇,供读者参考。

本书可以作为轮机工程技术、船舶电子电气技术、船舶工程等专业的船舶电站与自动化、高压电力系统的理论或实训教材,也可作为相关评估训练的实训教材。

前　言

习近平总书记在党的二十大报告中指出："统筹职业教育、高等教育、继续教育协同创新，推进职普融通、产教融合、科教融汇，优化职业教育类型定位。"高质量的职业教育体系，不是某一类的教育体系所能完全替代的。保证职业教育质量的重要基础之一，就是编写符合特定工作岗位技能要求的专门教材。

本书按照海事局《海船船员培训大纲（2021 版）》对轮机员、电子电气员在船舶电站及自动化、高压电力系统的理论基础知识和实际操作技能的要求进行编写，其内容符合《STCW 公约马尼拉修正案》的相关要求。本书结合现代化实例船舶的电站设备，对发电机、主开关、配电装置、并联运行、应急电源、船舶电力管理系统等进行了详细的介绍，其中对船舶电站设备的使用、操作、维护、故障处理等部分重点介绍。书中各项目的操作步骤详细，并结合了大量的图片以及操作视频的二维码，方便实训教学的实施。

本书采用 MES 模块化教学模式编写。模块化教育模式以"MES"和"CBE"两种流派比较具有代表性。其中，MES 是 20 世纪 70 年代初由国际劳工组织研究开发出来的以现场教学为主，以技能培训为核心的一种教学模式。它是以岗位任务为依据确定模块，以从事某种职业的实际岗位工作的完成程序为主线，故可被称为"任务模块"。MES 从职业具体岗位工作规范出发，侧重于职业岗位工作能力的培养。本书在模块选择和设计方面注意了符合船舶工作实际和通用性，并且在每一学习单元内容的划分方面注意了理论学习和技能培训的相关性和相对独立性。

本书符合《STCW 公约马尼拉修正案》履约的要求，并尽可能做到内容的新颖和全面，如新增了网络式自动化电站系统、高压电力系统的内容。

大连海事大学张均东教授，青岛远洋船员职业学院刘运新教授、初忠教授、赵晓玲教授、吴庚申教授为本书提供了资料以及指导和支持，在此表示衷心感谢。

本书由青岛远洋船员职业学院高兴斌主编，上海海事大学张桂臣教授主审。

由于编者水平限制，书中的不妥之处请读者不吝赐教！

编　者

2024 年 3 月

目　录

第一篇

船舶电力系统及配电装置的使用与管理

第 1 学习单元　自动空气断路器的维护与故障处理

本学习单元的基础理论知识和实操技能训练内容：

1. 船舶电力系统基础；
2. 框架式自动空气断路器的结构；
3. 塑壳式自动空气断路器的结构；
4. 断路器的维护与常见故障处理。

本书以某现代化船舶为例，介绍船舶电站设备的使用、管理和维护、故障处理等内容。

一、船舶电力系统的组成

船舶电力系统主要是由电源、配电装置、电网与负荷四部分组成。

电源(Power Source)：电源是将机械能、化学能等转变成电能的装置。船上常用的电源装置是柴油发电机组(Diesel Generator Set)和蓄电池(Storage Battery)。该船电站设有 3 台柴油发电机组，分别是第一、二号发电机组和应急发电机组；第一、二号发电机组的柴油机由压缩空气启动，应急发电机组柴油机由自备的一组 24 V 蓄电池启动。另外，本船还有 1 台轴带发电机。第一、二号发电机的额定功率为 400 kW，轴带发电机的额定功率为 800 kW，应急发电机的额定功率为 150 kW。

配电装置(Distribution Equipment)：配电装置是对电源和负荷进行分配、监视、测量、保护、转换、控制的装置。配电装置主要可分为主配电板(Main Switchboard)、应急配电板(Emergency Switchboard)、分配电板(Distribution Switchboard)(动力、照明)、充放电板(Charging and Discharging Board)等。该船中设有主配电板 6 屏，应急配电板 1 屏，另外还有蓄电池充放电板 1 屏。

　　电网（Power Network）：电网是全船电缆电线的总称。电网是连接发电机、主配电板、分配电板和负荷之间的中间环节，是将电源的电能输送到负荷端的媒介。

　　负荷（Load）：船舶负荷大体可分成舱室机械、甲板机械、船舶照明、通信导航设备及其他用电设施，按电源电压分为动力负荷（440 V 或 380 V，60 Hz 或 50 Hz）和照明负荷（220 V 或 110 V，60 Hz 或 50 Hz）两类。该船电站所用电源参数是 440/220 V，60 Hz。

二、船舶电力系统的简图

　　下面通过图 1-1，即某船舶电力系统简图，对该电力系统做一个初步的介绍。

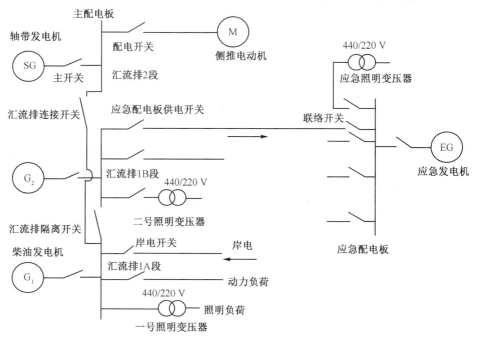

图 1-1　某船舶电力系统简图

　　主配电板下面有第一、二号发电机和轴带发电机（Shaft Generator），共 3 台发电机。汇流排分为 1A 段、1B 段、2 段共 3 部分。它们通过主开关依次连接到上述的一台发电机。汇流排 1A 段和 1B 段通过手动操作的隔离开关相连，而汇流排 2 段则可以通过自动的汇流排连接开关使三段汇流排连为一体。

　　主配电板负载屏上有应急配电板供电开关，再通过应急配电板上的联络开关可以实现由主配电板向应急配电板的单向供电。在主配电板失电后，联络开关自动断开，确保以上供电的单向性。在应急情况下，应急发电机启动运行，并通过其主开关向应急配电板供电。

　　轴带发电机既可以与第一或二号发电机并联运行，也可以在汇流排连接开关断开的状态下单独给侧推电动机供电。

　　主配电板下面有一、二号照明变压器。应急配电板下面有 1 台应急照明变压器，用于提供 220 V 的照明电压。

三、框架式自动空气断路器

自动空气断路器也称为自动空气开关,有框架式与塑壳式两种类型。船舶发电机主开关大多采用框架式,配电开关大多采用塑壳式。在该船主配电板中,发电机主开关是带电动操作装置的塑壳式空气断路器,侧推器的配电开关则是框架式空气断路器。

框架式自动空气断路器(Air Circuit Breaker, ACB):自动(Automatic)是指此设备除可以手动合、分电路外,也可以自动合、分电路;触点分断后的绝缘物质为空气;断路器(Circuit Breaker)就是开关。

框架式自动空气断路器,正常运行时作为接通和断开主电路的开关电器,在不正常运行时对主电路进行过载、短路和失欠压保护,自动断开电路。所以,框架式自动空气断路器既是一种开关(Switching)电器,又是一种保护(Protection)电器。

框架式自动空气断路器一般包括:触头及灭弧系统、自由脱扣机构、合闸操作及传动机构和脱扣器(失压、分励、过流脱扣器),有的还具有锁扣装置。图 1-2 所示为框架式自动空气断路器的方框图。

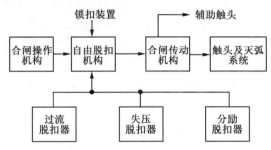

图 1-2　框架式自动空气断路器的方框图

框架式自动空气断路器的结构分为固定型(Fixed Type)、抽屉型(Withdrawable Type)两类:在固定型中,主电路及控制电路的连线直接接在开关本体上;抽屉型开关结构分为本体和框架两部分,电路连线接在框架上,再通过框架和本体之间的接触连接送入本体部分。后者的优点在于可以在汇流排不断电的情况下(发电机主开关一侧是连在汇流排上的),将开关本体部分抽出进行维修。但要注意,只有在开关已经断开时才可抽取开关本体。图 1-3 所示为三菱 AE-SS 型固定型、抽屉型框架式自动空气断路器外观图。图中的开关本体和框架上各有 6 个主电路导体和连接头。

(一)框架式自动空气断路器结构简介

1. 触头及灭弧系统

触头及灭弧系统又称接触系统,由触头(Contact)系统和灭弧室(Arc-control Chamber)组成。触头系统一般由 2~3 组触头组成。断路器闭合时通过的额定电流由主触头(Main Contacts)承担。为了避免主触头在断开电流时被电弧灼伤,断路器除主触头外还设有弧触头,有的大容量断路器还设预接触头(又称副触头)。它们的闭合次序是先接通弧触头,再接通预接触头,最后接通主触头;分闸次序刚好相反,先断开主触头,再断开预接触头,最后断开弧触头。这样的结构可保证主触头不被电弧灼伤。触头是由银钨合金制成,具有良好的耐磨性和抗熔焊性。为使动、静触头具有良好的接触面积,大容量断路器的每极触头分成 4~8 个触点。灭

外观

〈固定型〉　　　　　　　　　　　　　　　　　　〈抽屉型〉

※ 固定型附带有提升吊钩 (HP).

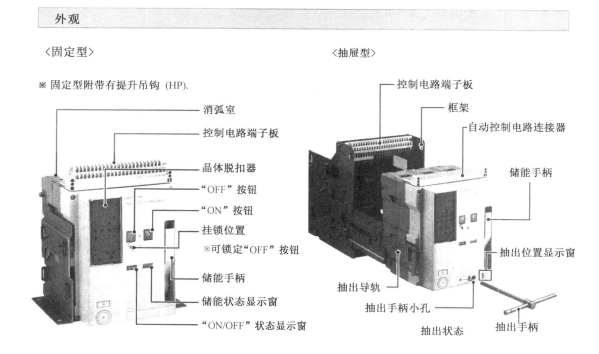

固定型：
- 消弧室
- 控制电路端子板
- 晶体脱扣器
- "OFF"按钮
- "ON"按钮
- 挂锁位置
- ※可锁定"OFF"按钮
- 储能手柄
- 储能状态显示窗
- "ON/OFF"状态显示窗

抽屉型：
- 控制电路端子板
- 框架
- 自动控制电路连接器
- 储能手柄
- 抽出位置显示窗
- 抽出导轨
- 抽出手柄小孔
- 抽出状态
- 抽出手柄

〈抽屉型背面外观〉　　　　　　　　　　　　　　〈框架外观〉

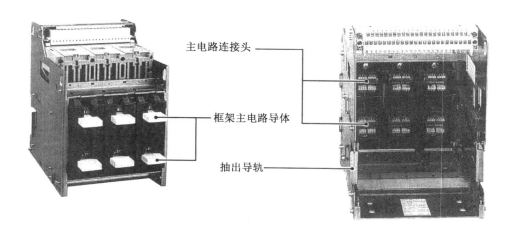

- 主电路连接头
- 框架主电路导体
- 抽出导轨

图 1-3　三菱 AE-SS 型固定型、抽屉型框架式自动空气断路器外观图

弧室通常采用栅片灭弧方式。上部有冷却电弧和限制飞弧距离的灭弧栅;灭弧室外壳采用胶木压制件,强度很高;灭弧室内壁衬有耐电弧的绝缘材料板,相间隔板不仅将各极分隔,而且将机构与触头系统隔开。当开关触头断开燃弧时,电弧被拉长且向上运动,使电弧电阻迅速提高而熄灭;电弧向上进入灭弧栅片,被分割成许多小段,加之金属栅片本身的传热作用,使电弧的温度迅速降低,以致熄灭。

辅助触头(Auxiliary Contacts)通过机械结构与主触头联动,用于控制电路,分为常开(Normally Open)、常闭(Normally Close)多组。

2. 脱扣器(Tripper)

(1)过流脱扣器、失压脱扣器、分励脱扣器(Over-current Tripper, Under-voltage Tripper, Shunt Tripper)脱扣原理简介

过流脱扣器、失压脱扣器、分励脱扣器示意图如图 1-4 所示。其中,失压脱扣器必须保证在电压降到额定电压值的 35% 或以下时动作,使自动开关打开。在额定电压的 70% 或以上时必须保证自动开关可靠合闸。因此,失压保护可在 35%~70% 额定电压范围内整定。为了避免在电网电压瞬时波动下产生误动作(如较大电动机启动时),即要求在欠压情况下可带有 0~3 s 的延时。分励脱扣器是线圈通电跳闸。由图 1-4 可知,失压、分励脱扣器可作远距离操纵跳闸用。

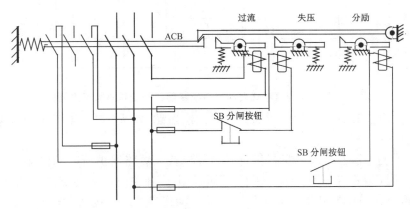

图 1-4　过流脱扣器、失压脱扣器、分励脱扣器示意图

图 1-4 中的过流脱扣器是作瞬时动作短路保护用的,其形式实质上没有电磁线圈,而是利用主电路中通电导线(扁铜板)产生的磁场起作用,故一般作特大短路(发电机近端短路)瞬时动作保护用的。

(2)电子脱扣器(Electronic Tripper)

由于以上的脱扣器动作值和延时难调节,功能单一,故现在船用框架式自动空气断路器的脱扣器大多采用的是电子脱扣器。它是由电子线路组成的,具有过载、短路、特大短路、欠压保护特性,同时还具有过载预报警或分级卸载控制功能。断路器内置的电流、电压互感器为测量提供保护所需的电流和电压信号,经各自判别电路判别、延时(或不经延时)后加到输出电路上。其形式一般是晶闸管或继电器,再通过执行元件(失压脱扣器或分励脱扣器)分断主开关。

多数电子脱扣器已经实现模块化设计,便于整体更换,现多由微处理器组成,动作值和延

时的设定可通过面板电位器或按键的操作完成。

（3）DW95 型电子脱扣器

现在船用框架式自动空气断路器大多设有电子脱扣器。图 1-5 所示为 DW95 型框架式自动空气断路器电子脱扣器原理方框图。

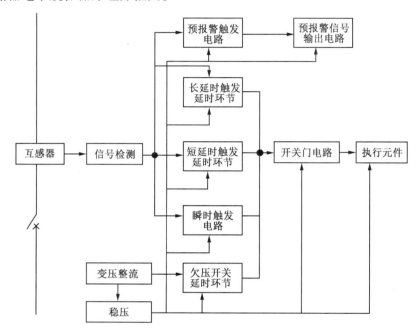

图 1-5　DW95 型框架式自动空气断路器电子脱扣器原理方框图

它是由集成电路和分立元件组成的，具有过载、短路、特大短路、欠压保护特性，同时还具有过载（$1.1I_e$）预报警功能。

断路器内置的电流互感器测量提供过载、短路、特大短路保护所需的电流信号，经各自判别电路判别、延时（或不经延时）后加到开关门电路上。开关门电路的形式一般是晶闸管或继电器，执行元件不是分励脱扣器就是失压脱扣器。动作参数的设定通过相应的电位器实现。

（4）Masterpact M 系列之 STR 68U 型电子脱扣器

STR 68U 型电子脱扣器是施耐德电气有限公司（Schneider Electric SA）推出的电子脱扣器控制单元，如图 1-6 所示。STR 68U 型具有两个 LED 显示屏，上面一个显示屏能显示发电机的三个线电压、功率因数、频率、功率及消耗的电能，下面一个显示屏能显示发电机的每相电流、最大相电流、故障保护跳闸时显示跳闸切断电流值及延时时间。STR 68U 型电子脱扣器具有保护功能、参数设定、功能试验等功能。

①保护功能

a. 过载保护

当发电机发生过载故障时，应进行长延时（LT）保护（延时可调）。

热记忆：反复的过负荷可能引起导体过热。"热记忆"能积累这种反复发生的过负荷所引起的热效应并缩短长延时保护的时间，使导体得到最合适的保护。

b. 短路保护

短路保护带短时限（ST）保护。在相对小的电流短路时，跳闸保护的短延时具有反时限特

图 1-6 STR 68U 型电子脱扣器

性;而特大电流短路时,应进行瞬时保护跳闸。

　　c. 接地故障保护

　　对船舶电网的三相三线绝缘系统而言,由于未设有接地的零线,此功能不用。

　　d. 负荷检测

　　负荷检测具有两级负荷(I_{C1}、I_{C2})检测功能,动作值小于跳闸保护值,可用于多种目的,具有两种类型:一种类型视用户所需,既可用作预报警,也可用作分级卸载或其他用途;另一种类型可用作发电机组运行台数的管理,或断路器当作配电开关使用时控制负荷切除及负荷重合闸等。

　　e. 维护指示

　　操作次数和切断电流值的联合作用会使主触头受损。当计数器的指示为 100、200 等时,应检查主触头。

　　f. 数字传输

　　系统工作参数、设定值、实际动作值、状态参数等信息可用 RS485 以 4 800 或 9 600 波特的速度发送,并且通过数据网络可实行断路器远程操作。

　　②参数设定

　　选择需设定的保护参数,位于图示区域的相应发光二极管亮起,同时电流表显示原来设定的数值。按调整区域的"+"或"−"键,电流表显示数据相应改变,直至显示新的所需整定值。按"MEM"键,其下发光二极管亮起,指示正在作存储操作。该指示灯灭表明存储结束,即该参数修改完成。

③功能试验

选择需作试验的保护参数,位于图示区域相应发光二极管亮起,同时电流表显示设定的数值。按"+"键,电流表指示电流值增加至需要的数值。若做不脱扣试验,则按下"TEST"区域的"NO TRIP"键,图示区小于试验值的所有相应发光二极管开始闪烁,延时到指示灯停止闪烁,其上方的故障指示灯亮起,电流表指示对应的延时时间,断路器不跳闸;若作脱扣试验,则按下"TEST"区域的"TRIP"键,图示区小于试验值的所有相应发光二极管开始闪烁,延时到断路器跳闸,指示灯停止闪烁,其上方的故障指示灯亮,电流表指示对应的延时时间,位于STR 68U上方的复位指示器弹出。

做好试验后,应按下图示区域上面的清除键以恢复正常状态;在脱扣试验跳闸后,还应按下复位指示器,否则断路器合不上闸。

3. 自由脱扣机构

自由脱扣机构有三个功能:

①将手柄或电动合闸部分的操作传递给触头系统。

②在合闸操作完成后,保持触头系统处于接通位置。

③保护部分动作以使其自由脱扣。

为了实现这些功能,不同型号的开关有不同构造的自由脱扣机构,但一般都含有四连杆机构。图1-7为自由脱扣机构四连杆动作示意图。图1-7(a)为合闸位置,四连杆机构处于稳定状态,中间的两节连杆在同一直线上;图1-7(b)为脱扣位置,合闸后分励线圈得电,衔铁向上顶动中间的两节连杆,稳定状态被破坏,在弹簧力作用下触头分开;图1-7(c)为再扣位置,脱扣后向右拉动第四节连杆,使中间两节再次处于同一直线上,四连杆机构又处于刚性连接的稳定状态(这个动作就是通常说的"复位"),再向左推动第四节连杆时,即可再次合闸。应该注意的是,只有处于"再扣"(或称"复位")状态时,自动空气断路器才能合闸,"脱扣"时必须先复位,再合闸。

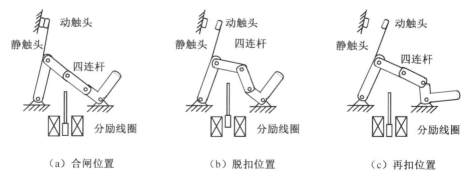

| （a）合闸位置 | （b）脱扣位置 | （c）再扣位置 |

图1-7 自由脱扣机构四连杆动作示意图

有的断路器只有当主弹簧储能结束,自由脱扣机构才完成"再扣",如DW95型;有的断路器是在跳闸时主触点完全分离后自动完成"再扣"的,如AH型。

4. 合闸操作机构及控制电路

框架式自动空气断路器有三种合闸操作方式:手动合闸操作方式、电磁铁合闸操作方式及电动机合闸操作方式。一般船用框架式自动空气断路器内部实际合闸操作机构不是电磁铁合闸机构就是电动机合闸机构,通过合闸按钮或手柄来控制且都保留有手动操作方式备用。

不论哪一种操作方式,大多是首先电动或手动地使断路器内部的合闸主弹簧储能,并使自由脱扣机构"再扣",然后利用已储能(Charged)的弹簧释放能量使主触头快速闭合;也有利用电磁铁动作的冲击力快速合闸的(如 AH 型电磁铁合闸机构)。由于利用释放储能弹簧来合闸,故合闸的动作时间与储能过程无关,仅与断路器内部结构有关。现在框架式自动空气断路器一般合闸时间在 0.1 s 左右。不同断路器的手动储能方法差别很大,可查阅设备的操作手册(Instruction Manual)。

下面介绍 DW95 型自动空气断路器的合闸电路,它属于电磁铁合闸,如图 1-8 所示。当发电机启动成功,电压建立,断路器接线端子 6、7 间即为发电机线电压,经 KA、V_{10}、R_{42}、R_{43} 对电容 C_{10} 充电,C_{10} 很快充满了电。当按下合闸按钮 SB_1,继电器 KA 动作,其常闭触点打开,切除电容充电回路,电容 C_{10} 通过其已闭合的常开触点对 KA 的线圈放电,KA 保持动作状态;KA 的常开触点闭合,接通整流桥电路,电磁铁线圈 YA 通电动作,将开关内主弹簧拉长储能,当储能到位,自由脱扣机构再扣。在电容快放完电时,继电器 KA 释放,其常开触点打开,切除桥式整流电路,电磁铁线圈 YA 断电,此时储了能的主弹簧复位使断路器主触点闭合;KA 的常闭触点闭合,电容 C_{10} 再次充电储能,为下次合闸做准备。

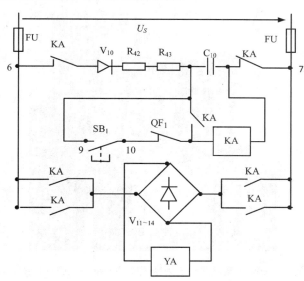

图 1-8　DW95 型电磁铁合闸操作电路原理图

5. 锁扣装置

锁扣装置有两种。

一种锁扣是,即使发生需跳闸的故障,断路器也不会跳闸。如 DW95 型电磁铁合闸,发生紧急情况时,为了不间断全船供电,宁可使电气设备受到损伤。这时可将框架式自动空气断路器的锁扣装置拉出放在"锁"的位置,把脱扣器锁住。

另一种锁扣是,一旦锁住,断路器就不能合闸,如日本寺崎公司的 AT 系列。这是为了防止他人误合闸操作而导致严重的机电设备故障设置的。

(二)常见的框架式自动空气断路器的结构组成

1. DW95 型框架式自动空气断路器

国产的 DW95 型框架式自动空气断路器由于价格低廉、结构紧凑、可靠耐用而在中小型船舶电站中多有应用。图 1-9 是 DW95 型框架式自动空气断路器取下灭弧罩后的外观。它采用固定型接线,电磁铁储能合闸,并设有手动的储能合闸手柄,另有机械式的分闸按钮和锁扣装置(锁在合闸位)各一个。开关的触头系统包括主、辅触头两部分。其中的辅触头位于开关侧面,有常开和常闭两类,通过机械装置连接在合闸传动机构上。灭弧装置包括灭弧罩、弧触头等,灭弧罩是分体式的,内部附有耐弧材料和金属的灭弧栅片。自由脱扣机构是开关内部的机械部分,是一个四连杆结构。开关最上面是合闸的电磁铁线圈。其内部的铁芯在受磁力作用时会把两个储能弹簧拉长,弹簧回缩的力通过合闸操作传动机构传递到自由脱扣机构,从而进行合闸操作。开关内有三个电磁脱扣器:失压脱扣器在开关左侧;分励脱扣器在开关右侧;过流脱扣器在开关内部下方。但开关没有电磁线圈,是通过主电路导线周围的强磁场动作的。为了确保发生单相过流时也能动作,主电路的第一相和第三相共设有两个过流脱扣器。最下面有插接式的电路模块,主要是电子脱扣器及合闸控制电路。

图 1-9　DW95 型框架式自动空气断路器取下灭弧罩后的外观

2. AT12 型框架式自动空气断路器

日本寺崎电气的 AT12 型框架式自动空气断路器采用抽屉型连接,电动机储能合闸,设有手动的储能手柄,有机械式的合闸、分闸按钮和锁扣装置(锁在分闸位)。其外观结构参考图 1-10。

(三)船舶发电机主开关手柄合闸、分闸操作

1. DW95 型框架式自动空气断路器的手动操作

合闸——逆时针手动转动操作手柄约 120°(再扣复位后),再顺时针转动手柄。

锁扣——合闸完成后,拉出锁扣旋钮,再顺时针旋转 90°。

分闸——合闸状态下,按下分闸旋钮。

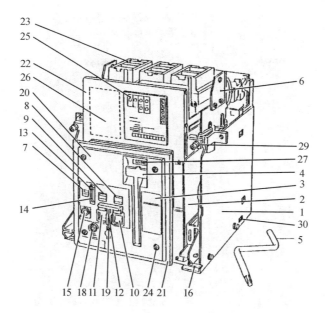

图 1-10　AT12 型框架式自动空气断路器

1—拉出机架；2—断路器本体；3—铭牌；4—储能手柄；5—拉出手柄；6—起吊举升板；7—断路器连接、试验、分离位置指示器；8—合闸-分闸指示器；9—弹簧储能指示器；10—合闸按钮；11—分闸按钮；12—手动操作按钮盖（选用）；13—断路器位置停止器释放杆；14—断路器位置挂锁杆（选用）；15—拉出手柄插入孔；16—拉出停止器，用于锁住断路器体于分离位或取出断路器体位；19—分闸位置挂锁杆（选用）；20—前面板；21—防尘板（选用）；22—OCR（过流脱扣装置）前保护盖；23—灭弧装置；24—前板固定螺丝；25—AOR 型多功能保护装置（4 位 CPU）（选用）；26—失压脱扣器（选用）；27—合闸-分闸计数器（选用）；28—键锁装置（选用）；29—固定块（选用），用于将断路器固定至配电板的标准件；30—拉出位置开关引线孔

2. 施耐德框架式自动空气断路器的手动操作

施耐德框架式自动空气断路器近年来在船舶电站中经常使用，如图 1-11 所示。通过查看断路器面板中央的两个指示装置，若左侧的合分闸指示在分闸位（Off），右侧的储能状态在储能位（Charged），则可以直接按下合闸按钮（Push On）进行手动合闸。由于发电机主开关设有失压保护，当发电机发电且已经供到主开关时，则可合闸。

若合分闸指示在分闸位（Off），但储能状态在释放位（Discharged），则需要通过储能手柄进行手动储能：反复摇动手柄，感觉比较费力直至储能结束，之后摇动手柄即很轻松了，储能状态指示变为储能位（Charged），即可进行合闸。

合分闸指示在合闸位（On），按下分闸按钮（Push Off）则进行手动分闸。

需要说明的是，该断路器的电动机储能是自动工作的，断路器合闸储能弹簧释放之后，电动机就自动启动进行储能，为下一次的合闸做准备。只有储能电动机或线路出现问题不能自动启动时，才需要进行手动储能操作。

（四）维护及保养

框架式自动空气断路器的维护和检修应注意以下 7 条，这也是在排除其最常见的几类故障时应重点考虑的因素：

（1）自动空气断路器在使用前应将各电磁铁工作表面（如失压脱扣器电磁铁吸合面）的防锈油漆或油脂擦净，以免影响开关的动作值。

图 1-11　施耐德框架式自动空气断路器

(2)每隔一段时间(如每月或至少一个季度),应清除落于断路器表面及零件上的灰尘和黑烟灰,注意绝缘零件表面的清洁,以保证断路器绝缘良好与防止绝缘性能变坏。

(3)在操作机构在使用一段时间后(如每次清洁后),传动机构部分应涂润滑油,以改善活动机构的磨损。

(4)各部分的螺钉、螺栓均应紧固,不应有松动。若有磨损或损坏的零件,应及时更换。

(5)灭弧室在因短路分断后或较长时间(如每半年)未使用后,应清除灭弧室内壁和栅片上的金属颗粒和黑烟灰。长期未使用的灭弧室(如配件),在使用前应先烘一次,以保障良好的绝缘。

(6)断路器主触头使用一定次数后(如触头表面发现有毛刺、金属颗粒等)或每半年,应当拆卸主触头,用 200 目细砂纸研磨以保证良好的接触,防止出现接触不良引起过热。若研磨后的触头厚度为原来的 1/3 以下,须更换触头,且动、静(Moving & Fixed)触头应同时更换。

(7)定期检查各脱扣器的动作整定值和延时时间,特别是半导体脱扣器,应定期进行功能测试(Function Test),参数变化时应进行重新设定。

四、框架式自动空气断路器常见故障的判别与排除

船舶电气设备的日常管理只能对框架式自动空气断路器的故障进行初步的处理。处理方法应按照使用说明书(Instruction Manual)中故障处理表进行。表 1-1 所列的就是 MITSUBISHI AE-SS、AE-SH 型断路器异常现象的处置方法,其他公司产品的处置方法也类似。

表 1-1　MITSUBISHI E-SS、AE-SH 型断路器异常现象的处置方法

异常现象的种类和状态	估计原因	处置	
		一次处置	二次处置
1. 无法合闸	(1)不执行合闸操作 ①未解除"OFF"锁扣装置(CYL、CAL、挂锁)	应解除"OFF"锁扣装置(CYL、CAL、挂锁)	如果一次处置不能合闸,请与本公司联系
	②抽出位置不正确	应设在"DISCONNECTED""TEST""CONNECTED"三个位置中的一个	
	③插入了抽出手柄	应卸下抽出手柄	
	④失压线圈 UVT 没电	给 UVT 通电	当 UVT 发生异常时,请参阅(UVT 不吸引)
	⑤合闸弹簧未储能	手动储能	(1)如果不能手动储能,请与本公司联系。 (2)如果不能电动储能,请参阅"无法电动储能"
	⑥合闸线圈不工作(可手动合闸)	(1)在不通电情况下,检查控制电路	—
		(2)在通电情况下,检查控制端子板下部的紧固端子的接触情况	如果紧固端子的接触没有异常,则应更换合闸线圈
	(2)可执行合闸操作 ①在合闸的同时跳闸 a. UVT 线圈出现故障	检查 UVT 线圈是否出现故障	如果 UVT 线圈出现故障,则应更换 UVT 线圈
	b. 合闸挡闩与跳闸挡闩之间的弹簧脱落	—	请与本公司联系
	c. 合闸挡闩与跳闸挡闩的安装螺丝松动	重新拧紧	如果重新拧紧后仍不合闸,请与本公司联系
	②因合闸操作后的储能而关闭	—	请与本公司联系
	(3)"ON"按钮破损	—	请与本公司联系
	(4)"ON 按"钮无法按下	—	请与本公司联系

续表

异常现象的种类和状态	估计原因	处置	
		一次处置	二次处置
2. 无法跳闸	（1）即使按了"OFF"按钮也不跳闸	—	请与本公司联系
	（2）SHT 不工作（可手动跳闸）	（1）在不施加电压情况下，检查操作电压	—
		（2）在施加电压情况下①检查控制端子板下的紧固端子 S+ 与 S− 的接触情况	如果无异常，则应检查 SHT 线圈
		②卸下 SHT 线圈，拔掉连接器，然后在额定电压下检查 SHT 的工作情况（通电时间不超过 5 s）	如果不工作，则应更换 SHT 线圈；如果工作，则请检查 AX 单元
		③当断路器处于合闸状态时，从连接器上拔下控制端子板的 S+ 和 S− 端子以及 SHT 线圈，然后检查连接器的导通情况	如果不导通，则应更换 AX 单元
	（3）"OFF"按钮无法按下	—	请与本公司联系
	（4）"OFF"按钮破损	—	请与本公司联系
3. 无法储能	（1）无法手动储能①手动储能手柄破损	—	请与本公司联系
		—	请与本公司联系
	②开关机构出现异常		
	（2）无法电动储能	施加电压	—
	①未施加电压		
	②已施加电压	（1）马达不转动①检查紧固端子板下的禁固端子 M+ 和 M− 的接触情况。如果是 DC，还应检查电源的极性	如有异常，则应使接触紧固牢靠；如无异常，则应更换电动储能单元
		②检查电动储能单元的连接器的接触情况	
		（2）马达转动，但不储能检查能否手动储能	如无异常，则应更换电动储能单元；如有异常，则请与本公司联系

续表

异常现象的种类和状态	估计原因	处置	
		一次处置	二次处置
4. 异常温度上升	(1)连接导体的固定处发生松动	重新紧固	如果发现导体变色或端子部分的压模被烧坏,则应更换断路器
	(2)连接头的接压板损伤	—	更换框架
	(3)触头的接触电阻增大	清洁触头表面	如果清洁触头表面后,温度仍不下降,则应更换断路器
	(4)触头磨损严重	检查触头	如果与寿命有关,则应更换断路器
	(5)通电电流很大	减少通电电流	—
5. UVT 不吸引(UVT 控制器出现异常)	(1)未给输入端子施加电压	检查是否有输入电压	如果未施加电压,则应检查电源电路
	(2)跳闸端子 US+和 US−发生短路(如果是 b 触头方式,则发生分闸)	检查跳闸端子 US+和 US−是否发生短路(如果是 b 触头方式,是否发生分闸)	如无异常,则请检查输出端子
	(3)输出端子 US+和 US−无输出	检查输出电压。由于是开关电压,因此平均值约为 25 V(峰值为 DC 100 V)	如无输出,则应更换 UVT 控制器。如有输出,则应检查 UVT 线圈
	(4)UVT 线圈断开	检查 UVT 线圈是否导通	如不导通,则应更换 UVT 线圈
6. 辅助开关不发生切换	(1)连接器断开	检查控制电路端子(ATC)是否接触	如无异常,则应更换辅助开关
	(2)辅助开关工作部件折损	—	请与本公司联系
7. 控制电路端子（ATC）在 " TEST " 和 "CONNECTED" 位置不接触	(1)控制电路端子的压模破损	—	请与本公司联系
	(2)控制电路端子的插片破损	—	请与本公司联系

续表

异常现象的种类和状态	估计原因	处置	
		一次处置	二次处置
8. 无法进行抽出和插入操作	（1）抽出手柄无法插入	先按"OFF"按钮，然后再插入抽出手柄	如果按了"OFF"按钮也无法插入抽出手柄，请与本公司联系
	（2）锁定板无法推入	将抽出手柄朝左右少许转动，然后在容易推入的位置将锁定板推入	如无法推入，则请与本公司联系
	（3）锁定板在"TEST"和"CONNECTED"位置不凸起	—	更换抽出位置显示窗
	（4）锁定板虽在"TEST"和"CONNECTED"位置凸起，但不锁定抽出和插入操作	—	更换抽出位置显示窗
	（5）抽出位置显示窗不改变显示	—	更换抽出位置显示窗
	（6）抽出手柄不转动	—	请与本公司联系
	（7）安全挡板（SST）破损，影响抽出和插入操作	去除破损部件	更换破损部件
	（8）连接头破损，影响抽出和插入操作	—	请与本公司联系
	（9）控制电路端子（ATC）破损，影响抽出和插入操作	—	更换控制电路端子
9. 安全挡板（SST）不工作	（1）安全挡板（SST）的隔栏破损	—	更换破损部件
	（2）安全挡板的杆折断	—	更换破损部件

五、塑壳式自动空气断路器

塑壳式自动空气断路器（Molded Case Circuit Breaker，MCCB）也称为装置式自动空气断路器或称为塑壳式自动空气开关。它是用于不太频繁地接通或断开电路，在船舶上大多作为配电开关来使用。

塑壳式自动空气断路器与母线的连接方式具有固定连接与接插连接两种形式。接插型在配电板带电时的维修和更换也很方便。

塑壳式自动空气断路器的结构比框架式自动空气断路器要简单,但同样具有触头系统、灭弧装置、自由脱扣机构,可以具有过载、短路和失压保护,通常一只开关只带过载或短路保护功能,当然也可采用既有过载又有短路保护的复式脱扣器。过载保护一般采用热脱扣器(Thermal Tripper),短路保护采用过流(电磁)脱扣器(Magnetic Tripper)。现代某些产品带有固态继电器的或微机控制的过电流保护装置。把多个塑壳式自动空气断路器的分励线圈并联在一起,采用遥控通电的方法,可实现遥控切断,当然也可以用失压线圈遥控断电来实现遥控切断。

塑壳式自动空气开关的合闸操作一般是手动操作,操作手柄具有 4 个位置,分别为合闸位、脱扣位、分闸位与复位位;也有电动操作,如在外部加装电动机合闸操作机构。在塑壳开关使用中,因保护或远距离操纵引起自动跳闸,再合闸时应先将手柄推向下端复位(Reset)位,使自由脱扣机构"再扣",然后才可合闸。

有些塑壳式自动空气开关为实现自动合、分闸操作,会在开关上安装电动操作机构,其内部有合闸用的电磁铁或电动机。图 1-12 所示是某船应急发电机主开关的电动合闸机构。它有手动和自动两种合闸模式,可通过其面板上的模式选择拨块进行转换;其面板上还有开关状态(合/分)和合闸储能弹簧状态(储能/释放)指示窗口,手动合/分闸按钮以及手动储能手柄各一个。

图 1-12　某船应急发电机主开关的电动合闸机构

六、断路器故障实例分析

(1)自动空气断路器合不上闸的故障判断及排除

合闸失败故障原因分析包括手动和电控合闸失败两类,现以下列两种典型开关为例进行分析:

①DW95 型框架式自动空气断路器合闸失败

手动失败的原因是失压脱扣器或线圈故障或无电,合闸手柄或传动机构故障,内部自由脱扣机构故障;电动失败的原因是合闸线路故障,失压脱扣器或线圈故障,合闸线圈或传动机构故障,内部自由脱扣机构故障。

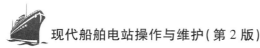

②带电动操作装置的塑壳式自动空气开关合闸失败

手动失败的原因是失压脱扣器或线圈故障或无电,控制模式在自动位,弹簧未储能(要手动储能),锁扣装置上锁,内部机械故障;电动失败的原因是合闸线路故障,失压脱扣器或线圈故障,控制模式在手动位,弹簧储能装置故障,锁扣装置上锁,内部机械故障等。

（2）自动空气断路器误跳闸的故障判断及排除

开关误跳闸多由短路选择性保护不良引起,也可能由内部机械故障引起,根据具体原因进行故障排除。

（3）自动空气断路器脱不开闸的故障判断及排除

分闸失败故障原因分析包括手动和电控分闸失败两类:

①DW95 型框架式自动空气断路器分闸失败

手动失败的原因是内部机械装置(脱扣轴等)故障,锁扣装置上锁;电控失败的原因是分闸线路故障(可接在失压脱扣器或分励脱扣器线圈电路中),内部机械装置(脱扣轴等)原因,锁扣装置上锁。

②带电动操作装置的塑壳式自动空气开关分闸失败

手动失败的原因是内部机械装置原因,控制模式在自动位;电控失败原因是分闸线路故障(接在失压脱扣器线圈电路中),内部机械装置原因,控制模式在手动位。

实 训 任 务

1. 框架式自由空气断路器有哪几个主要组成部分? 请在 DW95 型框架式自动空气断路器上指出来。

2. 进行 STR 68U 型电子脱扣器的保护功能测试。

3. 进行 DW95、AT12 型框架式自动空气断路器及带电动操作装置的塑壳式断路器的手动合、分闸操作。

4. 自动空气断路器合不上闸的原因有哪些? 排除该类故障。

5. 自动空气断路器脱不开闸的原因有哪些? 排除该类故障。

6. 进行自动空气断路器的维护保养工作。

实 训 视 频

1. 断路器合分闸操作

2. 电子脱扣器测试

第2学习单元　主配电板的运行管理

本学习单元的基础理论知识和实操技能训练内容：

1. 船舶配电装置的分类；
2. 船舶主配电板的组成及功能；
3. 配电装置的日常使用、管理和维护保养。

船舶的配电装置(Distribution Equipment)，就是用来接受和分配电能的电气装置。其组成元件有开关电器、保护电器、自动化设备、测量仪表、连接母线和其他辅助设备。其具有对电力系统进行控制、测量、保护和调整等功能。

一、船舶配电装置分类

按用途分类：

(1)主配电板(Main Switchboard，MSB)：用来控制和监视主发电机的工作，并对全船电网进行配电。

(2)应急配电板(Emergency Switchboard，ESB)：用来控制和监视应急发电机的工作，并对应急电网进行配电。

(3)充放电板(Charging & Discharging Board)：用来控制和监视充电设备，对蓄电池进行充放电及对低压电网进行配电。

(4)岸电箱(Shore Power Panel)：船舶停靠码头或厂修时接岸电用。

(5)分配电箱(Distribution Panel)：向成组的用电设备进行配电。

其按用电性质可分为电力、照明、无线电、通信导航分配电箱等多种不同的类型。

二、船舶主配电板

船舶主配电板如图 2-1 所示。它一般由发电机控制屏、负载屏、并车屏、汇流排（母线）组成。

(一)主配电板的功能

(1)根据需要接通或断开电路(手动或自动)。

(2)当电力系统发生故障时，保护装置能按要求动作，切除故障设备或网络，或发出报警信号。

(3)测量和显示运行中各个电气参数，如电压、电流、功率、功率因数等。

(4)能对电站的电压、频率，以及并联运行的各发电机组的有功、无功功率进行调整。

(5)能对电路状态、开关状态以及偏离正常工作状态进行信号显示。

该船主配电板共由 7 个屏组成，下面进行详细的介绍。

现代船舶电站操作与维护(第2版)

图 2-1　船舶主配电板

(二)发电机控制屏

发电机控制屏(Generator Controlling Board)如图2-2所示,共有三块,分别是一、二、三号柴油发电机控制屏。发电机控制屏主要是由测量仪表及其转换开关、指示灯、发电机主开关、发电机保护及并车控制装置、调速开关、其他转换开关、发电机励磁装置等部分组成的。

测量仪表及其转换开关一般位于发电机控制屏的上部面板上。通过电流表和转换开关可以测量发电机3根引出线中任意1根的线电流,通过电压表和转换开关可以测量发电机3根引出线中任意2线间的线电压。另外通过频率表、功率表、功率因数表可以分别测量该发电机的频率、功率及功率因数值。

各种操作按钮和转换开关多位于发电机控制屏的中部,以便于操作。发电柴油机的启动和停止按钮分别为绿色和红色;另外设有应急停止按钮一个,用于在紧急状态下应急停柴油机,由于它可以在发电机主开关未断开的状态下停柴油机,进而可能引起全船跳电,为防止误操作,此开关上设有塑料保护罩。考虑到并车操作的方便,柴油机油门调节开关和合(分)闸按钮集中设置于并车屏上。蓝色旋钮开关(带指示灯),用于发电机在停机状态下接通或断开发电机内部的烘潮加热器。

3台发电机的主开关用框架式开关。主开关主要用于接通与断开发电机主电路,并对发电机过载、短路、失欠压进行保护。

图 2-2　发电机控制屏

发电机保护及并车控制装置(PPM 300)、励磁装置装于板的中部。PPM 300用于该台发电机的运行参数监测报警、故障保护和并车控制。它设有操作面板一块,可通过上面的液晶显示板和按钮进行相关参数的显示和设置。

（三）负载屏

普通负载屏（Load Board）有动力和照明负载屏两类,如图 2-3 所示。其面板上设有配电开关、电流表等测量仪表及其转换开关等。动力和照明负载屏一般还设有各自的绝缘监测装置。大功率及部分重要的辅机（如服务主机的一些水、油泵）的控制箱组成的组合启动屏（Group Starter Panel, GSP）,也属于负载屏,主要由配电开关、负载启动继电-接触控制装置、启动与停止按钮、指示灯、熔断器等部分组成的。大负载通常还装有电流表。

图 2-3　动力和照明负载屏

负载屏上的配电开关大多采用的是塑壳式自动空气断路器,某些船舶对一些大负载或重要负荷也有采用框架式自动空气断路器的。

照明变压器供电（初级侧、原边）开关、应急配电板供电开关（实际在并车屏上）、岸电开关一般也都设置于动力负载屏上。

（四）并车屏

并车屏又称同步屏（Synchronizing Board）,如图 2-4 所示,主要是由频率表（电网、待并机）、同步表与同步指示灯及其转换开关、调速开关、合(分)闸按钮等部分组成的。在这一屏上,操作人员可以对各台发电机组进行调频、合闸、转移负荷、分闸等操作。电站的监测报警和自动化装置也装在并车屏的中上部。该屏中部有状态及报警指示灯,报警蜂鸣器,消声、消闪、试灯、警报复位等按钮。

并车屏面板上部有测量仪表、同步表、灯光旋转式同步灯。同步表转换开关,可以用来选择待并机。由于面板安排的原因,主动力电路的绝缘表和绝缘指示灯装在该屏的右上角。

合(分)闸按钮(带指示灯)用于手动的合(分)闸操作,分别为绿色和红色。其中,红色指示灯在发电机组运行,电压建立但主开关(CB)未合闸时亮,绿色指示灯在发电机组运行主开关合闸后亮。柴油机油门调节开关可以调节发电机的频率,有加、减两个方向。在调节结束手松开后,调节手柄在复位弹簧作用下会自动回到中位(停止位)。另外,电站控制模式(PMS Mode Selection)选择开关有手动、PMS 两个位置。选择 PMS,即电力管理系统自动控制后,可

图2-4 并车屏

以在PPM 300面板上设置半自动和自动两个模式,后两者的区别在于能否自动起、停发电柴油机。

注意在本主配电板并车屏下半屏,由左侧起,依次有汇流排连接开关(隔离开关,挂锁)和应急配电板供电开关,参看图2-4下部所示。

(五)汇流排

主配电板的汇流排(Bus Bar)分1A段、1B段和2段三段。汇流排及其连接件由铜质材料制作,最大允许温升为45 ℃。

三相电分别为R、S、T,其汇流排的颜色:第1相为绿色,第2相为黄色,第3相为棕色,接地线为黄绿双色。三相汇流排的排序为从左往右或从上往下。由于汇流排是裸露的铜排,在使用中要特别注意防止短路。

三、配电装置的日常使用、管理和维护保养

(一)主配电板上电压表、电流表、功率表、功率因数表、绝缘表的功用及其用法

(1)发电机控制屏上电压表是用来测量发电机线电压及汇流排电压用的,通过电压表下的转换开关可分别测量发电机的3个线电压及汇流排电压;照明控制屏上电压表是用来测量

照明变压器二次侧电压用的,通过电压表下的转换开关可分别测量变压器二次侧(即照明网络)的 3 个线电压。

(2)发电机控制屏上电流表是用来测量发电机的三相电流的,通过电流表下的转换开关可分别测量发电机的每一相电流;负载屏上的电流表是用来测量大负载工作电流用的,通过电流表下的转换开关可分别测量 3~4 个不同的大负载工作电流。

(3)发电机控制屏上功率表是用来测量发电机输出功率用的,只要发电机合闸供电,功率表即指示其实际输出功率值。

(4)发电机控制屏上功率因数表是用来测量发电机运行时功率因数的,只要发电机合闸供电,功率因数表即指示其实际功率因数值:测量值在 1 以内,且有电容性和电感性两个方向。

(5)负载屏上绝缘表是用来测量船舶电网对地绝缘电阻值的,通过配电板式兆欧表下的转换开关可分别测量动力电网、照明电网对地绝缘电阻值。

(二)主配电板上各种指示灯的功用及其用法

(1)主配电板上有指示发电机组状况的红、绿、黄、蓝色灯,有些和操作按钮一体,前文已经讲述。

(2)并车屏上 2 盏白色同步指示灯,当打开同步开关时,指示灯即指示待并机电压与电网电压间频率、相位差间关系,为灯光明暗法指示灯,而灯光旋转法是 3 盏灯按等边三角形排列。当主配电板没有并车屏时,同步指示灯及其开关一般装在中间一块发电机控制屏上。

(3)负载屏上的绝缘指示灯又叫地气灯,当开关接通时指示电网对地绝缘状况,绝缘降低的一相灯光变暗或熄灭。

(4)主配电板负载组合控制屏上指示灯是指示该路负载运行状态的。

(三)发电机控制屏上各种开关电器的功用及其用法

(1)主配电板发电机控制屏上主开关(框架式或带电动操作的塑壳式自动空气断路器)主要用于接通与断开发电机主电路,对发电机过载、短路、失欠压进行保护。

(2)主开关操作有手动合闸、分闸操作,自动(遥控)合闸、分闸操作。

(3)进行手动合闸操作时,应先给主开关上的失压线圈通电。

手动合闸操作视主开关类型的不同而不同。对某船配电板的主开关而言,把电动操作装置上的控制拨块打到手动位,通过储能显示窗口查看内部的弹簧是否已经储能:若未储能,则往复拉动储能手柄进行储能;若储能完毕,则按下机械式的合闸按钮进行合闸操作。另外,主开关还有 1 个机械式的分闸按钮。DW95 型框架式自动空气断路器则是先将合闸手柄逆时针转动,使自由脱扣机构进行再扣,然后顺时针转动 120° 来合闸的。有些主开关要先将合闸手柄向下转动,使自由脱扣机构进行再扣,然后向上转动合闸;也有需先将把手逆时针摇转二三十圈,使自由脱扣机构储能及再扣(也有发电机建压后主开关自行使自由脱扣机构进行再扣的,因此不需要摇动),然后将把手顺时针摇转 30 圈左右合闸。有些发电机控制屏上设有主开关黄色储能指示灯,在进行手动合闸时,顺时针摇转把手近 30 圈,当黄色指示灯亮起即停止摇转把手,当需合闸时,再顺时针摇两三圈主开关即合闸。

(4)调速手柄开关(也有用两个调速按钮的),一般装在发电机控制屏上,也有装在并车屏上的。在主配电板前对发电机组进行调速,即调节发电机频率,在并联运行时可调节发电机所承担的有功功率。向 Raise 方向扳动调速开关,机组即增加油门,从而承担更多的有功功率;

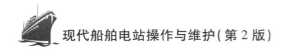

向 Lower 方向扳动调速开关,机组即减小油门,从而减少其所承担的有功功率。

(5)发电机控制屏上的电压表和电流表都装有转换开关,用于转换测量所需的测量值。

(6)有些发电机控制屏上充磁开关(按钮)。当发电机失磁不能建压时,通过充磁开关(按钮),将 24 V 直流电通入发电机励磁绕组中,可对转子磁极进行充磁。

(四)负载屏上各种开关电器的功用及其用法

(1)负载屏上部有电流表,照明屏还设有电压表,且都配有转换开关。

(2)动力负载屏上的配电开关,一般都是塑壳式自动空气断路器,手柄合上即接通该路供电电路,手柄拉下即断开该路供电电路;此外一般均带有短路保护功能,有的带有分励脱扣器可实现远距离操纵跳闸操作。负载屏上的岸电开关带有失压脱扣器,可以实现与船电与岸电的互锁。

(3)组合启动屏上配电开关同上条所述,按钮是控制继电器、接触器启动或停止该负载用的。

(4)有些绝缘监测装置中的兆欧表设有开关,有些不设;地气灯配有测量按钮。

(5)照明控制屏的配电开关也多是塑壳式自动空气断路器,手柄合上即接通该路供电电路,手柄拉下即断开该路供电电路;此外一般均带有短路保护功能。

(五)主配电板安全运行管理要求

运行中的船舶主配电板的日常管理主要有 6 条:

(1)观察配电板上仪表读数,做好记录。

(2)根据工况进行发电机组的并联运行或解列操作。

(3)观察并联运行发电机组间功率分配是否合理,若不合理则,可手动调节使之合理。

(4)对于检修的设备,断开电源后应在相应的开关上悬挂告示牌。

(5)每天至少检查一次船舶电网对地绝缘并做好记录。

(6)主配电板前、后、左、右至少 1 m 范围内及其上方不准堆放或悬挂任何杂物。

(六)主配电板的日常维护保养要求

主配电板维护周期及技术要求主要有下述 3 条:

1.表面

日常应检查测量仪表、开关、指示灯是否完好、是否正常,若有异常,应及时修复或更换。测量仪表应每 4 年校验一次。

2.主开关

每月检查一次各活动零件是否活动正常,紧固件是否松动,可调部分有无变形或移位等,若发现不正常应及时采取相应措施。每半年检查一次合闸操作机构是否灵活、可靠;清洁灭弧罩及栅片上的黑烟灰;保持触头表面光洁;检查过载、失压保护装置及其延时装置(机构)是否正常可靠。过载、短路、欠压、整定值每 4~5 年校验一次。

3.充磁装置

每半年检查一次防逆流二极管等设施,防止击穿。

实 训 任 务

1. 指出船舶主配电板的几个组成部分。
2. 指出并叙述船舶主配电板上主要开关、仪表、指示灯的操作方法或功能。
3. 实例船舶的配电板汇流排分为哪几部分？它们之间又是如何连接的？
4. 在船舶主配电板日常使用中,有哪些安全运行管理要求?

实 训 视 频

1. 主配电板操作

第3学习单元　船舶电网绝缘故障的查找

本学习单元的基础理论知识和实操技能训练内容:
1. 船舶电网绝缘监测装置;
2. 船舶电网绝缘降低故障的原因判断及排除;
3. 船舶电网单相接地故障的原因判断及排除。

一、船舶电网绝缘监测装置的使用

船舶电网通常采用中性点绝缘的三相三线制(Three-phase Three-wire System)形式,因此电力网中任何一点接地(Earthing)均属于不正常状态。单相接地虽不会影响用电设备的运行,却是一种潜伏性的事故状态:由于此时发生单相触电会使线电压通过接地线和人体构成电流回路,造成严重触电伤害,且若再发生另一相接地会造成电源短路,故必须及时发现并予以消除。另外,绝缘系统的正常运行必须保证其有一定的对地绝缘电阻,一般应高于 1 MΩ;若低于要求的最低值,则属于低绝缘(Low Insulation)故障状态。为此,船舶在主配电板上装设有电网绝缘监测装置。常见的绝缘监测装置有接地灯(也称为"地气灯")、配电板式兆欧表、船舶电网绝缘监测仪等几种类型。

(一)接地灯

接地灯(Earthing Light)接线如图3-1所示。

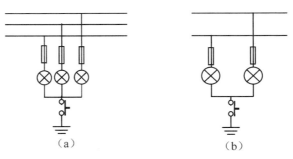

(a)　　　　　　　　　　(b)

图 3-1　接地灯接线

图 3-1(a)中的指示灯平时一直亮。在检测电网绝缘时按下按钮,若 3 个灯一样亮,说明电网三相线路对地绝缘是相同的;若其中 1 个灯灭,另 2 个灯比原来亮,说明这一相已发生接地故障;若其中 1 个指示灯的亮度比其他 2 个灯的暗,说明较暗的指示灯那一相对地绝缘比其他两相对地绝缘要低;若按钮未按,已有 1 个灯不亮,说明该指示灯灯泡已坏。

图 3-1(b)用于直流电网的对地绝缘检测,2 个灯分别接在电源的正、负极线路上,同样由灯泡的亮度来判断电路正、负极侧的绝缘情况。在实际使用中,负极侧常发生接地。这多是由机舱报警系统中的传感器引起的。

接地灯所用灯泡必须规格相同,且更换时必须 3(或 2)个同时换。但当电网三相绝缘同幅度降低时,接地灯仍指示为 3 个灯亮度相同,会使操作人员做出电网对地绝缘非常好的错误判决。

(二)配电板式兆欧表

我国《钢质海船入级规范》规定,用于电力、电热和照明的绝缘配电系统,不论是一次系统还是二次系统,均应设有连续监测绝缘电阻,且配有能在绝缘电阻异常低时发出听觉或视觉报警信号的绝缘电阻监测的报警器。

鉴于测量船舶电网绝缘是在电网有电情况下进行的,故不能使用便携式兆欧表。配电板式兆欧表(MΩ Meter)的线路原理图如图 3-2 所示,是带电测量。它由兆欧表头与整流(Rectifier)电源组成,可测量动力电网、照明电网绝缘电阻(Insulation Resistance)。

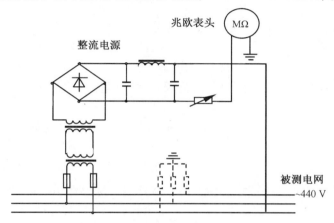

图 3-2　配电板式兆欧表的线路原理图

当被测电网对地绝缘时,从整流电源正端流出的电流流到动力电网,经电网对地的绝缘电阻流到船壳,再经船壳流回兆欧表头的正端,最后经仪表线圈流回整流电源的负端。电网对地绝缘电阻越低,兆欧表头指针偏转就越大。当一相接地时,表头指针偏转最大,指示绝缘电阻值为 0。

虽然兆欧表的一端接电网的其中一相,但所测的绝缘电阻却是三相电网总的绝缘电阻。由图中可见,三相的接地电阻在测量时是并联的关系。

(三)船舶电网绝缘监测仪

船舶电网绝缘监测仪一般都是由电子电路组成的监测报警系统,可以连续监测船舶电网对地的绝缘状况,多与配电板式兆欧表合为一体。其上设有报警值设定功能,当绝缘电阻低于设定值(Setting Value)并经延时之后,即在配电板上发出声、光警报。绝缘电阻的最低允许值可参照以下经验计算方法:额定电压数值乘以 100 Ω,如额定电压为 440 V,最低绝缘电阻值为44 000 Ω,即为 0.04 MΩ。监测的设定值应高于最低允许值。

应注意的是,当按下接地灯的按钮进行测试时,由于灯泡接在了电网与地之间,所以配电板式兆欧表显示值将会很低。为防止误报警,此时电路会把配电板式兆欧表和船舶电网绝缘监测仪的电源自动切断。

二、船舶电网绝缘降低和接地故障原因判断及排除

船舶电网的绝缘降低和接地故障都反映在绝缘电阻上,但前者是低于监测设定值,后者则降为0。绝缘降低的原因主要是绝缘受损(如受潮、进水或受热老化等),接地故障的原因还可能是线缆、电气设备等的机械损伤。此类故障多发生在照明网络中。这是由于照明电网相比于动力电网更大更广、线路更多造成的。而在故障原因查找和排除方面,主要及时找到线路中的绝缘降低或接地的那个点,并进行修复。一般在机舱值班巡视中,通过接地灯、配电板式兆欧表或船舶电网绝缘监测仪就可以及时发现绝缘低或接地故障。下面以配电板式兆欧表为例,叙说照明电网接地故障的查找。

(1)首先接通配电板式兆欧表开关(如果有),测量照明电网,配电板式兆欧表此时指示为0。

(2)在主配电板前,逐个拉掉(断开)照明配电开关,查看配电板式兆欧表指示是否恢复正常值,若仍为0,说明接地点不在这一配电区域,故应合上这一配电开关。但要注意有些电源开关(如陀螺罗经、卫星基站等)不能随意断电。

(3)断开区域开关的次序一般应为:船员居住区—甲板照明区—机舱照明区—驾驶室通信导航设施。

(4)找到发生接地故障分配电开关后,切断该路供电,在该开关处挂检修指示牌,并断开配电板式兆欧表开关。

(5)在分配电箱前,首先应将配电箱内保险丝全部拆下或将支路配电小开关全部断开,使各个支路间互相隔离,然后利用便携式兆欧表来查找二次配电网络,逐个测量分支电路对地绝缘状况。

(6)找到接地的分支电路后,除这一路分配电开关或保险丝外,合上其余配电小开关或装上其余保险丝,在主配电板前合上这一路配电开关,以免影响其他电路供电。

(7)在查找具体接地点时,应从中间接线盒(如2个房间中间的)断开,来测量判断是哪一小区域(如房间)接地。

(8)小区域(房间)中只有有限的几个供电点,一般不超过5个点。操作人员应逐一检查每个供电点的插座、可以移动的电器,若不是则接着查找灯头、插头、开关部分引线,检查灯头、插头、开关内部状况。在经过这些检查仍找不到接地点时,应检查接线盒至用电器间电缆,这就需要通过拆卸墙壁板、天花板来逐一查找,直至找到接地故障点后加以排除。

绝缘低故障的原因查找与此类似,只是注意此时配电板式兆欧表的示数不为0。

实 训 任 务

1.以照明电网为例,查找电网接地故障。若是动力电网,又该如何操作?

2.配电板式兆欧表和接地灯的功能有何异同?使用这两种装置判断船舶电网的绝缘情况。

3.船舶电网绝缘降低和接地这两种故障状态有何异同?

实 训 视 频

1. 接地故障的查找

第4学习单元　岸电的使用

本学习单元的基础理论知识和实操技能训练内容:

1. 岸电箱;
2. 换接岸电的操作;
3. 船电与岸电之间的互锁关系。

党的十八大以来,生态文明建设的开展使"绿水青山就是金山银山"的重要理念日益深入人心。习近平总书记在党的二十大报告指出,"中国式现代化是人与自然和谐共生的现代化",进一步明确了我国新时代生态文明建设的战略任务。报告全面系统阐述了我国持续推动生态文明建设的战略思路与方法,并对未来生态环境保护提出一系列新观点、新要求、新方向和新部署。在国内船舶工程领域,船舶岸电作为一项环保新技术得以广泛推广,使航运业的生态文明建设得到有效提升。

船舶进坞时可以用陆上电源来供电,称为"岸电"。陆上电源通过电缆接到位于主甲板(Main Deck)的岸电箱(Shore Power Box)中,确认三相电源相序正确之后,合上岸电箱里的开关,电源到达主配电板上岸电开关(Shore Power Switch)的岸电一侧;岸电开关的另一侧接在汇流排上,断开发电机主开关再合上岸电开关,船舶即切换为岸电供电。主配电板上有岸电指示装置:在主配电板上,岸电开关位于右动力负载屏上。该屏设有岸电的电压表、电流表及各自的测量转换开关;另有红、绿指示灯,红灯表示岸电已经供到岸电开关的岸电侧,但开关是分闸的;绿灯则表示开关合闸,岸电已供至汇流排。

一、岸电箱

为方便连接岸电电缆,岸电箱通常位于主甲板层。其内部主要有岸电接线柱、自动空气断路器、熔断器及其他保护装置[如负序继电器(Reverse-phase Sequence Relay)],面板上设有岸电电源指示灯、相序指示灯(或指示器)、电流表、电压表、电度表等。相序指示灯是星形连接的三相不对称负载,分别是1个电容或电感及2个相同的灯泡。由于中性点的偏移,2个灯亮度差别很大,根据它们的明暗关系即可判断电源相序正确与否。负序继电器用来控制岸电箱中的开关,当相序不一致时,此开关无法合闸。在发现相序相反后,应该切断岸电电缆的电源,把其三相接线中的任2相换一下位置。图4-1所示为某船岸电箱面板。其电源指示灯和正相序指示灯均点亮,但由于内部断路器未合闸,相序指示器上的指示灯未点亮。图4-2所示的部分有:岸电相序指示器(右上)上部的3个小的LED灯分别指示岸电的三相供电情况,下部的2个大的LED灯,左侧代表正相序,右侧代表反相序;岸电箱内部设备组成(左侧);逆序继电器(右下),可用于逆序以及缺一相、欠压保护,保护动作时岸电箱内的断路器脱扣跳闸,按下其测试按钮T,断路器亦跳闸且面板上的相序灯显示反相序。岸电箱内还有接船壳的接地接线柱,用于连接三相四线制岸电电源线的零线。

图 4-1　某船岸电箱面板

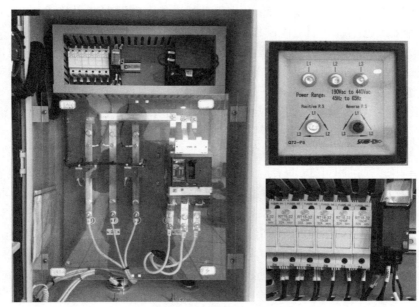

图 4-2　某船岸电箱内部及相序指示灯、逆序继电器

二、换接岸电操作

1. 换接岸电操作步骤

（1）将电力电缆接在岸电箱的岸电接线柱上，合上岸电的配电开关，岸电箱上的岸电电源指示灯点亮。

（2）用岸电箱上相序测定装置检测岸电相序，若岸电与船电相序一致，合上岸电箱中开关；若相序不一致，须将接在岸电接线柱上的岸电电缆中的两相互换位置（这些工作，一般由岸上工作人员承担）。

（3）在主配电板前，当板上的岸电指示灯点亮时，表明岸电已送到主配电板岸电开关前，这时应先将主发电机及应急发电机操作模式置手动位置,再断开发电机主开关,全船电网失电后立即将岸电开关合上;若岸电开关在应急配电板上,则电网断电后应到应急配电板前将岸电开关合上,之后船舶电网已换接成岸电供电了。

2. 接岸电注意事项

(1)当接岸电时,岸电与船电的电流种类应一致。

(2)当接岸电时,岸电的额定频率、额定电压应与船电相一致。

(3)当岸电为三相四线制时,须将岸电的中性线接在岸电箱上接船体的接线柱上。只有船体与岸电中性线可靠相连后,才可接通岸电。

(4)合上岸电箱上开关,只有当岸电相序与船电相序一致时才可到主配电板前进行转接岸电操作。

(5)在船舶接岸电时,严禁船舶发电机合闸供电,只有在岸电切除后发电机才可合闸供电;同样,在船电供电时,严禁岸电开关合闸供电。

(6)在船电转岸电之前,船舶发电机和应急发电机的自动启动状态都应该关闭,防止转换过程中在电网失电时它们自动启动并合闸。

(7)经船级社(如GL)认可,某些船舶设有船电与陆上电源并联设施,这仅仅是为了转移负载,仅允许船上供电系统和岸上电网作短暂的并联运行。

在三相三线制绝缘系统的船舶换接三相四线制的岸电后,此时的船舶动力电网对地已不是一个绝缘系统,故应关闭船舶电网绝缘监测仪,以免不停报警;此时若测量动力电网对地绝缘,绝缘电阻指示必为0。

普通商船岸电线路容量有限,若要启用较大功率的负载,应注意防止过载。

三、船电与岸电间互锁关系

由船电、岸电转换过程可知,两者同时对汇流排供电是不允许的,所以发电机主开关与岸电开关之间应是互锁关系。这可以通过各自开关的常闭触点与对方的失压脱扣器(Under Voltage Tripper, UVT)配合实现,也有采用分励脱扣器形式及其他诸如切断合闸信号等方式。图4-3所示为某船主开关与岸电开关间的互锁形式。图中SC为岸电开关;UVT为岸电开关失压脱扣器电磁线圈;UVC为失压脱扣器供电电源装置;G_1、G_2、G_3分别为No.1~No.3发电机主开关常闭辅触点(NC Aux. Contact)。当船电供电时,至少有一台发电机主开关处于闭合状

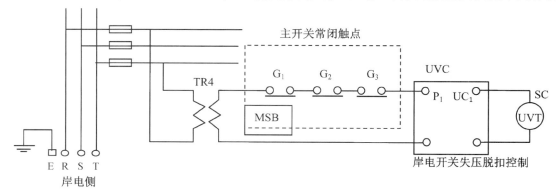

图4-3 某船主开关与岸电开关间的互锁形式

态,即 G_1、G_2、G_3 中至少有一个是断开的,所以岸电开关的失压线圈不得电,无法闭合。当然在岸电供电时,主开关也无法闭合。这是由岸电开关的常闭触点和主开关的失压线圈配合实现的。该控制线路图将在第 6 学习单元中学习。

实 训 任 务

1. 进行换接岸电及转回船电的操作。
2. 换接岸电时,应该注意什么事项?
3. 依图 4-3,分析船电与岸电之间是如何进行互锁的。

实 训 视 频

1. 船电与岸电的切换

第5学习单元　发电机主开关跳闸的应急处理

本学习单元的基础理论知识和实操技能训练内容:
1. 发电机的保护;
2. 发电机主开关跳闸(停电事故)的原因判别和应急处理。

　　船舶电站是现代船舶的心脏。发电机是船舶电站中最重要的设备。确保发电机工作正常是船舶安全航行的重要保证。针对船舶发电机各种不正常运行状态,装设相应的继电保护装置是必需的。船舶发电机共设有过载保护、外部短路保护、欠压保护和逆功率保护4种保护形式。某些具有自动电力管理系统的电站,大多还增设欠频、电压过高等报警和处理功能。保护的实现方式:有些由发电机主开关内部的过流、失压脱扣器实现,有些由开关内部的电子脱扣器实现,有些则由开关外部的保护继电器或自动控制装置(如PPU)实现。但后两种方式都只是给出跳闸指令,指令要再加到失压或分励脱扣器上才可以实现保护跳闸。

一、发电机的过载保护

　　电站在运行中如果出现发电机容量不能满足负载的要求或并联运行的机组负载分配不均匀等情况,可能会造成发电机过载(Over Load)。发电机过载表现为电流超过额定值。长期的电流过载会使发电机过热(Over Heat),引起绝缘老化和损坏;同时也会导致原动机的寿命缩短和部件损坏。

　　交流同步发电机有一定承受电流过载的能力,所以对船用发电机而言完全允许一定时限的过载而不要求立即跳闸。外部系统也要求发电机过载保护是带时限的。例如,当大电机启动或多台电动机同时启动时,启动电流可能会超过发电机电流额定值,但持续时间短,发电机的过载保护装置也不应动作。

　　对于过载保护,各国船级社大多都规定,整定在过电流10%~50%之间的过载保护必须以不超过2 min的延时使发电机断路器脱扣(Trip)。通常船级社建议整定在发电机额定电流的125%~135%,延时15~30 s时断路器分断。

　　为确保船舶电站的供电连续性,电站一般具有分级卸载(优先脱扣,Preferences Trip)功能。当发生过载故障时,先自动切断那些断电时不危及船舶安全的设备,如空调、起货机、电路板等,即通常的非重要负载。这样可以避免发电机主开关跳闸引起全船停电。分级卸载动作电流值可在发电机额定电流的100%~110%间整定,延时时间可在5~7 s间整定。动作信号可以由电子脱扣器或继电保护装置提供,把信号加到对应负载开关的失压或分励脱扣器上实现保护跳闸。

　　自动空气断路器中的过流脱扣器由于是电磁作用的,没有动作延时,无法进行过载保护。发电机过载保护主要由电子脱扣器或继电保护装置来承担,一般动作值及延时都可调整,且可进行功能试验。

二、发电机的外部短路(Outside Short Circuit)保护

发生短路的原因不外乎是导线绝缘老化、受机械损伤、误操作、维护不周及导电物品不慎掉在裸导体或汇流排上等。短路时产生的短路电流,对电力系统的设备和运行有巨大的破坏作用,因此要求保护装置要正确、可靠、快速而有选择性地断开故障点。

通常在发电机较远处短路时,短路电流相对较小。这时负载开关应动作,而不是发电机主开关动作使船舶电网中断供电,故主开关需有一个短延时时间以避开负载开关的动作。短路发生在发电机近端,会产生巨大短路电流。这时必须立即切断发电机的供电电路,故保护装置应瞬时动作。

对于短路保护,各国船级社大多规定短路保护应整定在大于50%的过电流,但整定值应小于稳态短路电流;它必须具有一个短暂延时以适应系统选择性保护要求。通常船级社建议整定短路保护动作值为发电机额定电流的200%~250%,延时时间最长为 0.6 s(交流)。

发电机短路保护由自动空气断路器中的过流脱扣器及电子脱扣器同时承担。

三、发电机的欠压(Under Voltage)保护

调压器失灵、发电机外部短路未切断或发电机组发生严重欠频,均可能导致电压下降。

发电机欠压(Under Voltage)势必导致发电机励磁电流激增,烧毁发电机的转子励磁绕组。电源电压的下降还将引起电动机电流增加,转矩下降,从而导致电机发热、绝缘老化损坏,甚至堵转(Stall)。

发电机欠压保护的任务就是当发电机电压低于一定值时,使发电机主开关合不上闸或从电网上自动断开。欠压保护实际上还是一种短路保护的后备保护,因为短路时必定会发生欠压现象,因此欠压保护需要有一个短延时,以便与短路保护相区别。

系统有大电动机启动或突加较大负荷,也可能引起电压的下降。这属于暂时的正常现象,欠压保护不应动作,所以欠压保护同样需要有延时。

对于欠压保护,各国船级社大多都规定,拟并联运行的发电机的断路器应设有欠电压保护装置,防止在发电机不使用时其断路器闭合。若发电机电压下降至额定电压的35%~70%,则发电机断路器必须自动断开。欠电压保护装置必须有一个与短路保护相协调的短延时。

发电机欠压保护同样主要由自动空气断路器中失压脱扣器来承担,有些电子脱扣器(如DW95型)也具有此功能。

四、发电机的逆功率(Reverse Power)保护

1. 逆功率保护

同步发电机的逆功率(Reverse Power)运行,是指该同步发电机不是发出有功功率,而是从电网吸收有功功率。同步发电机出现逆功率运行的原因是,当几台同步发电机并联运行时,若其中一台发电机的原动机发生故障,例如燃油中断或发电机与原动机的联轴节损坏等,将使该台发电机不但不能输出有功功率,反而从电网吸收功率即成为同步电动机运行。这种情况可能会使并联运行中的其他发电机发生过载。

当同步发电机并车操作时,若待并机在负差频下或滞后相位差下合闸时,待并机组在并车瞬间会出现逆功率,这是允许的,此时的逆功率保护不应动作。因此,逆功率保护同样需要有

一定的延时时间。

对于逆功率保护,各国船级社大多规定,在原动机为柴油机时,逆功率整定值在发电机额定功率的 8%～15%间某一区域,原动机为汽轮机时为 2%～6%间某一区域;延时时间在 3～10 s 间整定。

发电机逆功率保护主要由逆功率继电器或电站自动保护装置来实现。

2. 逆功率继电器

逆功率继电器(Reverse-power Relay)是一个监测功率方向及大小的器件。它可判别同步发电机有功功率的方向。当同步发电机发生逆功率且达到或超过整定逆功率值时,经一定延时后,逆功率继电器动作,作用于主开关,将发电机从电网上切除。

逆功率继电器有电磁感应式、电子式等不同类型。船舶电站过去广泛采用电磁感应式逆功率继电器,但电子式逆功率继电器在现代船舶上应用越来越多,已形成取代电磁感应式的趋势。其中的整流式逆功率继电器主要由电压形成、整流滤波、比较、信号输出等环节组成;晶体管式逆功率继电器的功率检测环节大多运用相敏整流原理来测量(Measurement)逆功率,然后再加上放大(Amplifier)、比较(Comparison)、定时(Timing)及继电器输出(Output Relay)等环节。

(1)CW 型逆功率继电器结构

日本寺崎电气的 CW 型逆功率继电器由于其技术成熟、可靠性高而得到应用广泛。CW 型逆功率继电器外观如图 5-1 所示。其外壳上有复位拨块一个,用于动作之后继电器复位。内部的中间是一个铝质圆盘,铝盘可绕中心轴旋转。铝盘上下放置 2 副铁芯,其上铁芯的线圈中送入发电机线电流信号,下铁芯的线圈中送入发电机线电压信号。转轴上面装有建立反作用力矩的游丝弹簧,还装有传动齿轮。该齿轮同继电器动触头转轴上的齿轮相啮合,铝盘转动时带动动触头远离或靠近静触头。此外,一个永久磁铁跨在铝盘上,产生阻尼力矩,以使铝盘转速均匀。

图 5-1　CW 型逆功率继电器外观

在两个线圈作用下,铝盘受到电磁转矩作用,转矩正比于发电机输出的有功功率,且具有方向性:当发电机输出正功率时,铝盘要向顺时针方向转动,但被止挡块挡住而不能转动;当发电机处于逆功率状态时,由于转矩方向改变,如果逆功率达到或超过动作值,电磁转矩克服游丝弹簧力矩,铝盘向逆时针方向转动,带动动触头(Moving Contact)做顺时针方向转动,直到接通两个静触头(Stationary Contact),输出发电机跳闸的信号。

(2)CW 型逆功率继电器接线与调整

由于逆功率继电器反映的功率取决于线圈输入的电压、电流及其相位,故两个线圈的电压、电流和极性一定要接正确。

CW 型逆功率继电器的实际接线图如图 5-2 所示。这种继电器是按 30°接线方式接线的。所谓 30°接线,是指当负载的 $\cos\varphi=1$ 时,加到继电器上的电流和电压之间的相位差为 30°。所以当电流线圈接 W 相电流 I_W 时,电压线圈应接 W、V 间的线电压 U_{WV};同样当电流线圈接 U 相电流 I_U 时,电压线圈应接 U_{UW},电流线圈接 V 相电流 I_V 时,电压线圈应接 U_{VU}。当继电器动作时,其常开触点闭合接通主开关的分励线圈,实现跳闸保护。用常闭触点配合主开关失压线圈也可以实现跳闸保护。

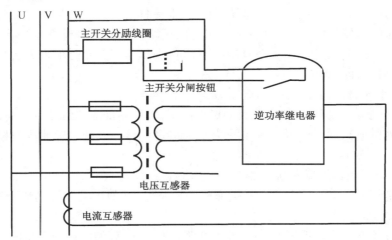

图 5-2　CW 型逆功率继电器的实际接线图

接好线后应进行检查,看是否按 30°方式接线,并要注意互感器的同名端。当发电机向电网供电时,继电器不应动作;当发电机发生逆功率时,继电器应动作,使发电机主开关跳闸。当发电机输出功率时,逆功率继电器动作,说明接线反了,一般断电后只要将电压线圈或电流线圈的两端调换一下即可。当动作灵敏度相差很大时,说明接线方式错误,此时应按 30°接线法的要求重新接线。

电磁感应式逆功率继电器动作值的整定,可分成粗调与细调。粗调是通过改变电流线圈的抽头实现的,细调是通过调整游丝弹簧的反作用力矩实现的。电磁感应式逆功率继电器延时时间的调整通过改变止挡块的位置来实现。

3. PPU 的逆功率保护

本教材实例船舶的主配电板采用 PPU 单元进行逆功率保护。这是一种通过电站自动监控装置进行的保护。发电机的电压和电流信号输入控制单元,经过系统运算得到功率值,将它与逆功率保护设定值比较,达到动作值且经延时之后,输出分闸的开关量信号,通过此信号切断发电机主开关的失压线圈线路,实现保护跳闸。

五、发电机主开关跳闸（停电事故）的原因判别和应急处理

发电机在发生故障进行保护之后，或者由于原动机、主开关发生故障，都会造成主开关跳闸及全船停电。对于自动化电站，除短路故障外，其余故障均可自动处理，自行恢复供电。但是，在没有自动功能的常规电站中，值班轮机员必须根据现象正确判断跳电的原因，采取措施恢复供电。

1. 自动化电站发电机主开关跳闸（停电事故）的应急处理

（1）除因短路保护导致主开关跳闸断电外，对于其他各种机、电故障致主开关跳闸，自动电力管理系统均能自动处理，不需要值班轮机人员加以干涉，值班人员仅需按照报警指示故障进行相应检查、排除处理即可。

（2）若电网突然失电，除警报声外所有设备均停止运行。此时值班人员切忌启动机组、合闸供电，首先应查看报警指示。报警指示为发电机短路，则控制模式会自动切换至自动功能锁闭状态。在应答报警后，到主配电板后面仔细检查汇流排是否发生短路。找到短路点并排除或确信主配电板没有发生短路（此时由于船舶电网短路保护的选择性整定不当，而使主开关跳闸）才可按复位按钮，系统即恢复至自动状态，同时解除阻塞，此时值班人员可遥控启动值班机组投入电网运行即可。

2. 发电机外部短路、过载、欠压和逆功率故障的判别

当发生全船跳电事故时，主机立刻自动保护停车，机舱内部应急灯会自动亮起来（由应急发电机或蓄电池供电），同时监视报警系统会发出报警信号。处理故障要先判断发电机的故障原因：

（1）发电机外部短路故障的判别

这里指的是相关规范要求中对发电机外部的短路保护，即当发电机电流 $\geqslant 200\% I_e$ 时，主开关跳闸这一故障的判别。

对于具有自动电力管理系统的电站：当发生发电机主开关跳闸主电网失电时，除报警外机舱没有其他任何反应（机组自动启动等），且当报警指示的是短路保护时，说明这时发生了发电机外部短路故障。

对于常规电站：当发生发电机主开关跳闸，且这一跳闸不是出现在有关人员的操作失误上（如并车操作等），不是发生在同时启动几台大负荷时，不是出现在利用船上起货机进行装卸货作业时，不是出现在先出现转速下降后再发生主开关跳闸，也不是出现在先发生电压下降后再跳闸（从照明灯的亮度可得到判别），这时一般可断定发生了发电机外部短路故障，但也不排除主开关本身故障引起跳闸。

（2）发电机过载保护的判别

发电机过载导致的主开关跳闸一般是发生在发电机运行在较大负荷下，在不查看发电机实际功率时启动大负荷运行，如启动空压机、压载泵等致发电机过载而跳闸；也可能发生在并联运行时，其中一台机组因机电故障保护立即跳闸，而分级卸载装置失灵致运行机组出现过载而发生保护跳闸。

（3）发电机欠压保护的判别

发电机欠压保护跳闸主要发生在调速器及燃油系统或调压器出现故障的场合。调速器及燃油系统故障致欠压保护的判断依据是先出现转速下降（这可从柴油机声音听到）后发生跳

闸,调压器故障致欠压保护的可从先出现电压下降(这可从照明灯的亮度变化看出)后发生跳闸来判断。

(4)发电机逆功率保护的判别

发电机逆功率保护跳闸主要发生在并车操作合闸时刻掌握不当,或并联运行时负荷分配操作调节方向反了,或并联时其中一台柴油机调速器损坏或燃油中断等场合。

3. 发电机主开关跳闸(停电事故)的应急处理

根据前述方法正确判断失电原因之后,值班轮机员应立刻采取相应的措施,恢复船舶电网的供电。

(1)并车操作时发生电网跳电

首先检查原运行机组与待并机组的机电状况,由于并车操作不当发电机主开关不是过流保护跳闸就是逆功率跳闸,复位过流继电器、复位逆功率继电器(视具体发电机控制屏而定,有些不需要),一切正常时合上其中任一台机组的主开关,然后按功率大小及重要性逐级启动各类负荷,待发电机组带上相当负荷时再将另一台机组按并车条件进行并车操作。

(2)运行机组因机械故障跳闸电网失电

首先应答警报、消声,警报或指示滑油失压或指示超速等机械故障,然后启动备用机组,待转速、滑油压力、电压正常后即可合闸供电,之后按功率大小及重要性逐级启动各类负荷,最后检修故障机组。

(3)在单机运行时启动大负荷或几乎同时,启动几个较大负荷(如用船上起货机进行装卸货作业)致发电机过流跳闸电网失电。

若机舱报警,则先应答警报、消声,复位过流继电器(视具体发电机控制屏而定,有些不需要),然后合上发电机主开关,再按功率大小及重要性逐级启动各类负荷投入运行,之后启动备用发电机组,待一切正常后按并车操作要求进行并车投入电网并联运行,最后再启动大负荷投入运行。

(4)运行机组因发电机短路或失压保护跳闸电网失电

常规电站大多无此报警功能,若机组仍在运行但电压很低或没有电压,说明是失压保护跳闸,则应先停这一台机组,然后启动备用机组投入电网运行,最后再检查故障机组的发电机调压器;若机组仍在运行且电压正常,说明可能是短路保护跳闸,则应检查主配电板汇流排是否短路,排除短路故障后或确信主配电板没有发生短路故障时即可合闸供电。

(5)运行机组主开关误动作跳闸或因船舶电网选择性保护不良而跳闸电网失电

因无此报警功能,按上述短路保护处理方案检查,确信配电板没有发生短路后才可合闸供电。

(6)燃油供给故障(如调速器失灵、断燃油等)致主开关跳闸电网失电

发电机基本上均没有这类监测报警点,主开关仍系失压保护跳闸。现象:伴随着转速下降而跳闸停机。检查系统燃油供给系统,确信系统无故障后启动备用发电机组投入电网运行,然后检修故障机组的调速器。

实 训 任 务

1. 常规电站、发电机的保护有哪些? 分别由什么电气装置或元件来实现保护?

2.发电机主开关误跳闸的原因有哪些？如何排除该类故障？

3.如何判断发电机外部短路故障？如何排除该类故障？

4.如何判断发电机过载故障？如何排除该类故障？

5.如何判断发电机失(欠)压故障？如何排除该类故障？

6.如何判断发电机逆功率故障？如何排除该类故障？

7.发电机主开关跳闸时(常规电站并车操作时发生电网跳电),如何进行应急处理？

8.发电机因运行机组机械故障发生主开关跳闸时,如何进行应急处理？

9.发电机主开关跳闸时(常规电站、单机运行时跳闸电网失电),如何进行应急处理？

实 训 视 频

1.失电应急处理

第6学习单元　主配电板的识图

本学习单元的基础理论知识和实操技能训练内容：

1. 识图常识；

2. 识图方法及步骤；

3. 主配电板图纸资料。

一、识图的基础知识

看懂电路图是船舶电气设备管理工作的基础。船舶电站的主配电板图纸资料内容很丰富，包括：目录及综合说明、外观与单线图、铭牌图、控制线路图、端子排接线图、使用操作说明、备件目录等多个部分；对于内部设有自动化电站设备的主配电板，还包括这一部分的控制线路及接线图、自动控制流程图等。其中内容最多的是系统的控制线路原理图，这也是们学习的重点，下面将以某船电站主配电板图纸为例进行讲解。

1. 每本图纸的构成

每本图纸都由许多页组成，而每一页大都标有设备名称、设计单位、用户、该页的内容、图号（不同于页码，Drawing Number）、页码等信息。为了能在一页图中快速定位，图中还有横、纵坐标分格（横坐标 1~10，纵坐标 A~D）。

2. 每册图纸的构成

一册图纸最前面是目录（Index）；之后是各种说明部分，包括设备参数、图例（图形符号）说明、英文缩写说明、配件型号、各种铭牌、指示灯、按钮开关等，这部分是我们看后面线路图的基础；系统控制线路图中包括发电机启停、合/分闸、监测保护、调速调压、并车控制与保护、功率的分配、配电开关的遥控切断、岸电供电的控制、发电柴油机的监测保护及自动化电站等多个部分。

二、主配电板图纸资料实例分析

在实际工作中，要先根据目录找到完成具体功能的控制线路，然后再对它们进行分析。下面从主配电板图纸中选取一些有代表性的页码，学习一些看图的具体方法。

1. 系统单线图

要熟悉一个主配电板，首先要对其主电路的连接有一个了解，像前面的图 1-1 说明的就是这些内容。因此，在附录的实例船舶电站控制线路图（主配电板）中，附图 1-1 某船主配电板单线图是首先要看的。它绘制的是主配电板中动力、照明主电路部分的连接形式，为简化图纸而绘成单线图；图中包括汇流排、汇流排的连接和隔离开关、发电机主开关、岸电开关、负载开关及其连接线等内容。实际上它和图 1-1 左侧的内容是一致的，但是描述得更详细，并且按照六屏配电板（每屏又分为上半屏、下半屏）的具体位置来画，便于我们把图和实物联系起来。

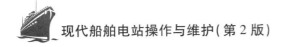

2.控制线路图各页的连接

在繁杂的控制线路图中,每一页实际上都不是独立的,而是与其他的图组成一个大的主配电板控制线路系统。也就是说,看到的每一页都只是系统中的一个功能区,所以要通过图上的标记把各页码连接起来。附图1-2是发电机控制屏的控制电源电路。该页页码是101,其右侧经变压器 TC101.77 输出的最上面两根线编号为47、48,后面标明接至104、105页;这就要求我们翻到附图1-5(104页),可以看到这张图上、下两根横线即电源线的标号为10147、10148,也就是说该电源来自101页中的47、48号,而且左侧标明来自101页,右侧标明去往105页。

3.元器件的命名与编号

图中元件图形符号和英文缩写的含义可通过图例表(Symbol List)和缩写说明查到,其数字编号也有特定含义。附图1-2中变压器前面的 FU101.65:FU 表示保险丝;101 代表该元件所在页码;后面的6说明它在该页的横坐标6区;5表示它是该区中第5个元件(即元件序列号)。继电器这一类元件的触点和线圈是分开画的,通常按照其线圈的位置编号,并且在图中线圈下面绘有触点表,标有触点的类型(常开、常闭)以及触点所在的位置。

4.发电机控制屏线路分析

(1)控制电源线路

附图1-2至附图1-11是一号发电机全部的控制线路图及外部接线端子图。其中附图1-2是其控制电源电路,可以看到电源来自图中主开关 CB DG1 的下端,即主开关的发电机一侧;这样做主要是为了在汇流排失电后,当启动一号发电机恢复供电时,在其主开关合闸以前由于控制电源直接来自发电机侧,只要发电机启动后建压正常,一号发电机控制线路就有电,保证它可以进行正常的监测保护及合闸;很显然,如果用汇流排来提供其合闸电源,当汇流排失电后,合闸线路就没有电源,主开关自然也就无法进行合闸操作。

(2)测量仪表线路

附图1-3是仪表测量及检测电路,其中有电压、电流、频率、功率、功率因数共5块测量仪表。各测量仪表所用的电流信号来自电流互感器,该信号先接至 PPU,再从其中输出:74、76、78 点分别输出 R、S、T 三相的电流信号,之后 R、T 相电流信号继续向右到达功率表、功率因数表和电流表,S 相电流则直接接到 10104 点构成接地短接。由于电压表和电流表要显示3个值,所以各自都配有一个测量转换开关。转换开关触点的开合情况可以看图中的小表格:如电压表开关 S32,表中绘有4条横线和4条竖线,代表它有4组触点(1-2、3-4、5-6、7-8)以及4个位置(OFF、R-S、S-T、T-R);横竖线的交叉点上的黑点表示在此位置触点是闭合的,反之触点则处于断开状态,如 R-S 竖线上第1、3排有黑点,说明开关在 R-S 位置时,1-2 和 5-6 触点闭合,显然这是把 R、S 两相接入电压和频率表。电流表转换开关 S31 与此类似,区别在于表示触点闭合状态用的是黑色线条,在两个交叉点之间的线条表示开关在这两个位置之间转换时触点保持闭合状态;由于开关转换的是电流互感器的输出信号,不允许开路(电流互感器的副边不允许开路),触点的连续闭合保证了在转换操作时不会切断电流路径;需要注意的是,实际上 S 相的电流信号并没有接到电流表中,当测量这一相电流时,实际流过表头的是另两相电流的叠加,由于三相电流的代数和为0,R、T 两相叠加值和 S 相的电流在数值大小上是相等的(电流表测量的是有效值)。很多电站设备中的测量三相电流的互感器缺一相,就是这个原因。

（3）专用控制模块接线图

附图1-4是电站管理电路（PPU的接线），主要是开关量和模拟量的输入及输出信号接线。

（4）发电机主开关控制及指示线路

附图1-5是CB（发电机主开关）控制电路。合闸时通过合闸控制单元MT，当A2点与10147点连通时合闸；从图中可见，通过手动开关SB104.3或触点M103.2可以进行手动或自动的合闸操作，合闸成功后，K105.22触点断开，防止重复合闸。在分闸时，通过失压线圈MN，D2点到KT的3点之间断路，失压线圈断电，开关分闸；从图中可见，PPU进行逆功保护、手动或PLC自动给出分闸指令、船电岸电互锁保护等都会引起主开关分闸。

附图1-6是辅助继电器电路（发电机CB控制），其左侧是一号发电机主开关辅触点所控制的辅助继电器，各继电器触点的位置可以在图中线圈下面的表中查到；右侧是主开关的手、自动分闸控制电路。附图1-7是指示灯及运行计时电路，包括发电机及其主开关状态指示灯以及发电机运行计时装置电路。

（5）发电机其他控制线路及连接

附图1-8至附图1-12共5张图描绘的是主配电板的一号发电机控制屏与一号发电机及其现场控制箱之间的联系。其中附图1-8是辅助继电器电路（发电机控制），从中可以看到现场控制箱内的开关量控制主配电板内继电器动作的情况。附图1-9是发电机启停电路，从中可以看到，柴油机的启停有手动、自动两种方式，在自动状态下，手动按钮失效，并且手动停机前必须先分断发电机主开关；应急停机由于发生在紧急情况下，故可以直接按下应急停车按钮进行停机，无须事先分断主开关。附图1-10是发电机的调速及调压电路，在调速时，通过开关S33的操作，可以手动加减柴油机油门；而当手动调节停止时，开关在"Off"位，此时可以通过继电器K103.3和K103.4的触点来自动调节油门，这两个继电器是由PPU的输出信号控制的。附图1-11是空间加热器控制电路，从图中可见当该发电机主开关处于闭合状态时，即使闭合加热器的开关，其空间加热器仍不会工作（因为此时发电机已处于带负载工作状态，本身发热，故无须再加热）。附图1-12是主配电板的外部接线端子图，其外部接线来自发电机及其机旁控制箱，接线排编号是XR4，端子编号为1~32。

二号发电机控制屏的线路图与一号基本相同，只是元件的编号有区别。轴带发电机控制屏与一、二号发电机控制屏相比，差别主要在发电机控制方面。主配电板第4个带电动操作装置的塑壳式自动空气断路器是连接第1、2段汇流排的连接开关，见图1-1和附图1-1。此开关合闸前，若其主触点两侧都带电，必须通过并车装置才能进行手动或自动的合闸操作。

5. 并车屏线路分析

附图1-13是并车屏同步选择及测量电路，图中并车用的仪表包括双指针的电压、频率表，同步表及转换开关，明暗法的同步指示灯等。同步表为发光二极管式，接待并机及电网电压共4根线。同步表转换开关有一号、二号、轴带发电机、汇流排连接开关待并选择及关闭5个位置。

为便于在主配电板上进行操作，包括并车屏在内的各屏上部都设有日光灯管，附图1-14是主配电板的面板照明控制电路。

6. 主配电板直流电源线路

附图1-15是DC 24 V控制电源电路，包括电源及配电线路。图上部有24 V蓄电池及直流稳压电源两种供电方式,在两者的正极供电线中各有一个二极管,由于两个直流电源负极接到一起,所以两个电源的电压值相比:较高电压的一个二极管导通,对系统供电;另一个二极管截止,停止供电并且防止电流逆流损坏设备。24 V 的各直流负载均用保险丝进行配电,同时也可起到短路保护的作用。

7. 负载屏线路分析

(1)照明线路实例分析

前述的附图 1-14 是主配电板的面板照明控制电路。从图中我们可以看到其中 1、3、5 屏的灯管电源来自主配电板,2、4、6 屏则来自应急配电板。正常情况下,6 个屏的照明灯全部工作。只有当船舶主电网失电后,后 3 个灯工作(是应急灯),由应急发电机供电。

(2)动力线路绝缘监测线路

附图 1-16 是绝缘监测及接地灯电路,包括接地灯测试按钮、配电板式兆欧表、绝缘监测 3 个部分,其中后两个部分是一体的,并设有绝缘低报警值设定旋钮。接岸电时由于常用三相四线制会发生绝缘低的警报,所以线路中的 K293.32 常闭触点可以在接岸电时切断绝缘监测。按下 SB208.5 进行接地灯测试,会把电网端线通过指示灯接在地上,相当于在线路中设置了接地点。为防止绝缘监测装置误报警,该按钮的常闭触点会在测量时把监测装置的电源切断。

(3)负载屏配电开关应急切断线路

附图 1-17 和附图 1-18 是紧急切断和预脱扣器电路,也就是我们通常讲的负载遥控应急切断和分级卸载(优先脱扣)控制电路。这里设置了 ES-1、ES-2、ES-3 共 3 个应急停止按钮,用于断开不同设备的配电开关。应急停止按钮一般设在驾驶台、火警消防站等处,当船舶发生事故,如机舱、生活区火灾时,可以通过这些按钮,应急切断失火处的风机及油泵电源,防止火势蔓延。配电开关的切断大多采用失压或分励脱扣器来实现。此线路采用的是分励脱扣器,且线路中串联有配电开关的常开触点:当开关处于断开状态时,常开触点断,分励脱扣不动作,因为此时开关本已断开,无须再脱扣分闸。发电机过载保护中的分级卸载功能,也是通过分励或失压线圈来切断配电开关的。开关遥控切断后,必须先再扣(或复位),才可再合闸。

(4)岸电相关线路

附图 1-19、附图 1-20 和附图 1-21 是岸电控制电源电路、岸电测量电路和岸电 UVT 控制电路。附图 1-19 中的 QF1-1 就是岸电开关,它是带失压线圈和电子脱扣器的塑壳式自动空气断路器,其触点两侧分别接汇流排和岸电箱。岸电指示、测量及控制线路接在岸电开关的岸电侧。附图 1-21 中,岸电开关的常开辅助触点控制两个继电器 K293.31、K293.32 线圈得电:岸电开关合闸时,K293.31 及 K293.32 线圈得电,其在一、二号及轴带发电机失压线圈线路中的触点断开,以保证岸电供电时船电不能供电;另有 K293.31 的一对触点用于岸电开关合、分闸状态指示灯控制;K293.32 的一组常闭触点用于在接岸电时临时切除电网的绝缘监测器。在该图中由岸电开关的失压线圈线路可以看到,当一、二号发电机主开关合闸,或轴带发电机主开关及汇流排连接开关同时合闸(即轴发对汇流排 1A、1B 段供电)时,该线圈失电,岸电开关就无法合闸。这就是船电与岸电之间的互锁保护。

(5)照明变压器线路

主配电板中设有一、二号 2 台照明变压器和一台厨房专用变压器,每台都设有热继电器的过载保护装置,可以在变压器过载时自动切断其原边供电开关。附图 1-22 所示即为一号照明变压器过载电路。附图 1-23 是主配电板的照明控制电源电路,图中可见主配电板 220 V 的供电线路,其电源由 2 台照明变压器提供,它们的副边开关 QF6-1、QF6-6 有手动、自动 2 种控制模式,设有模式选择开关和带指示灯的合闸、分闸按钮。附图 1-24 和附图 1-25 是二号照明变压器 CB 控制电路和二号照明变压器辅助继电器及指示灯电路。在附图 1-25 中,当开关 QF6-6 闭合后,其辅触点使 K307.3 线圈得电,一号变压器线路中该位置的继电器是 K305.3。若一号变压器副边开关 QF6-1 已经合闸,其在附图 1-24 中的常闭触点会切断 QF6-6 的失压线圈电路,防止两个变压器副边开关同时合闸;若两个变压器副边开关都没合闸,附图 1-25 中 K307.3 和 K305.3 两个常闭触点都闭合,时间继电器 K307.4 线圈得电,其在前页的触点经 20 s 延时后闭合,如果此时 QF6-6 为自动控制模式,即可自动合闸供电。开关的手动合闸、分闸由按钮开关来控制,内部的指示灯由 K307.3 和 K305.3 的触点来控制。

主配电板的组合启动屏线路就是电动机的启停控制线路,多设有自动切换、顺序启动等功能,这里就不再详细介绍了。

实 训 任 务

1. 从主配电板图纸资料中,如何才能快速查到所需资料?
2. 依附图 1-5,以一号发电机主开关手动操作合不上闸为例,分析如何进行检修。

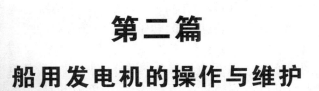

第二篇
船用发电机的操作与维护

第7学习单元　同步发电机的维护保养

本学习单元的基础理论知识和实操技能训练内容：

1. 无刷发电机结构；
2. 船用发电机的日常管理注意事项；
3. 船用发电机的维护保养；
4. 有刷发电机的特别注意事项。

　　船用发电机多是交流三相同步发电机。其励磁装置分为无刷和有刷两种，前者属于他励，后者属于自励。励磁电流由发电机自身定子(Stator)绕组发出的交流电得到的发电机是自励(Self Exciting)机。其电流要从定子引入旋转运动的转子(Rotor)励磁绕组，需通过炭刷(Carbon Brush)和滑环(Slip Ring)结构。炭刷与滑环磨损的炭粉会导致发电机绝缘下降，故需要经常做维护、清洁等保养工作。该过程产生的电火花(干扰电磁波)不仅会影响无线电通信，而且是自动化机舱发生误报警、误动作的主要干扰信号源之一。解决这一系列问题的措施是同步发电机采用无刷(Brushless)励磁系统，也就是发电机的励磁电流由交流励磁机提供。这种发电机属于他励(Separate Exciting)机。

　　现代船舶一般都采用无刷发电机，下面介绍一下其结构。

一、无刷发电机结构简介

　　无刷发电机通常由同步发电机、中频交流励磁机和旋转整流器组成。这三部分装于同一机壳内，所以也可以把它们看作一整台发电机的几个组成部分。因中频交流励磁机的转子、旋转整流器与发电机转子在同一根轴上，故无刷发电机的轴向尺寸较长。通常同步发电机采用旋转磁极式，交流励磁机采用旋转电枢式。

現代船舶电站操作与维护(第2版)

大洋 FE(FEK)型无刷发电机结构示意图如图 7-1 所示。其中,定子机架是由钢板焊接而成。定子铁芯由涂上绝缘清漆的硅钢片叠成。定子三相绕组沿圆周分布嵌放在定子铁芯槽内。定子绝缘等级是 F 级。整个转子除发电机转子铁芯、励磁绕组外,交流励磁机的电枢铁芯、电枢绕组、旋转整流器、冷却风扇等均在同一个转子上。励磁绕组嵌放在磁极中心两侧的槽内。其绝缘等级为 F 级。为便于自励起压,转子铁芯由非常高的矫顽力材料薄片组成。图7-2 和图 7-3 是无刷发电机拆开后的定子:前者是发电机定子电枢;后者是励磁机定子磁极。图 7-4 是无刷发电机的转子,包括了发电机部分的磁极、励磁机部分的电枢和旋转整流器。图7-5 是旋转整流器。我们可以看到整流二极管、输出正负极的半圆金属环和保护用的压敏电阻。

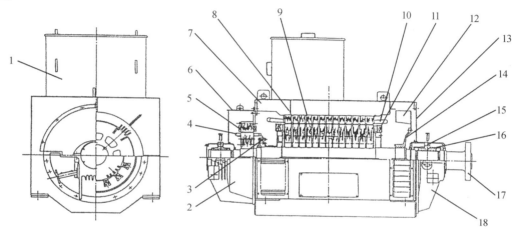

图 7-1 大洋 FE(FEK)型无刷发电机结构示意图

1—静止励磁装置;2—交流励磁机定子;3—旋转整流器;4—励磁机电枢;5—励磁机磁极;6—端盖;7—发电机机架;8—定子铁芯;9—转子铁芯;10—定子线圈;11—转子线圈;12—风扇;13—端盖;14—风扇轴毂;15—轴承罩;16—滑动轴承;17—轴;18—端托架

图 7-2 发电机定子电枢

图 7-3 励磁机定子磁极

图 7-4 无刷发电机转子

图 7-5 旋转整流器

二、船用发电机的日常管理

1. 发电机投入运行前的检查

对于新安装或经过大修及长期停用的发电机,在投入运行前应进行以下检查工作:

(1)仔细查看发电机内部,不得有杂物存在,防止落入螺钉、工具、抹布等异物。

(2)用大约两个大气压的干燥压缩空气或"皮老虎"清除发电机各部位的灰尘。为避免损伤线圈,不得使用金属吹管。

(3)检查发电机轴承的润滑情况(大型发电机多用滑动轴承),并且润滑油和润滑脂的质量与数量必须符合维护要求。

(4)检查发电机与其原动机的连接情况是否良好,并且两者的轴线应在同一直线上。

(5)检查转子是否灵活,同时检查轴承质量。

(6)清洁集电环。

(7)检查电刷装置,包括电刷长度,在刷握中活动是否灵活、有无卡阻,有无烧蚀。电刷压力应为 14.7~19.6 kPa。

(8)测量定子和转子线路的绝缘电阻:用 500 V 兆欧表测量,一般不得低于 2 MΩ(船级社规定不得小于 0.5 MΩ)。

(9)如果发电机结构允许,可用塞尺测量气隙。其最大最小气隙之差与平均气隙之比不得超过±5%,低速发电机不应超过±10%。

(10)检查励磁接线是否正确,引线是否牢固。

(11)检查各紧固件,有松动者应上紧。

(12)在正式运转前应进行试车,使发电机空转;在达到额定转速后,再进行停机检查转向、转动情况、轴承温度是否符合要求。

2. 船舶发电机运行中的监测

运行中的发电机,应根据主配电板等处仪表的指示情况,对发电机进行监测,以便及时发现不正常现象,消除隐患,保证船舶正常供电。

(1)发电机温度的监测

在发电机运行时,铜损、铁损及机械损耗等会使其温度升高。发电机各部分的温度等于冷却介质造成的温度与其对冷却介质造成的温升之和。发电机温度过高,会加速绝缘材料的老化,缩短发电机使用寿命,甚至会引起烧毁发电机的严重事故。所以,对运行中的发电机必须严格限制各部分温度,使其不超过最高允许温度。

无限航区的船舶的环境温度规定为 45 ℃或 50 ℃。当机舱温度升高时,发电机的允许温升相应降低,其允许的最大输出功率也降低。埋置在发电机定子铁芯槽内或定子绕组端部的测温元件可用来测取温度,并可加装超温报警装置。在日常检查时,手摸发电机外壳可粗略估计发电机温升是否正常。通常只要手能放上,说明发电机外壳温度一般不超过 65 ℃,即温升在正常范围内。但要注意的是,随着绝缘材料允许温升的提高,一些新型电机正常工作时其外壳温度是很高的。

(2)发电机轴承温度的监测

发电机轴承有滑动轴承与滚珠轴承两种类型。

滑动轴承形式的发电机的轴承允许温度为 70 ℃。实际轴承温度可通过装于轴承端的温

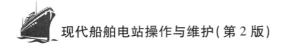

度表来监测。运行中的发电机只要润滑油位在规定范围内、滑油清洁、对中正常,则轴承温度一般不会超过 65 ℃。当出现超温时,可以从以上三个方面查找原因。

滚动轴承形式的发电机用于小功率场合(如应急发电机)。其轴承允许温度为 80 ℃。轴承温度一般通过手摸外壳来粗略估计。

（3）发电机电压的监测

运行中的发电机电压应达到额定值。其允许变化范围不应超过额定电压的±2.5%。端电压过低或过高会影响船舶电机、电气设备的正常工作,甚至烧坏设备。

由于异步电动机启动电流很大,当大电机或多台电机同时启动时,电网电压会波动。此时,应当注意电压回稳的情况。

（4）发电机功率因数与电网频率的监测

船用交流同步发电机的额定功率因数大多数为 0.8。但在实际工作时,负载的功率因数是不断变化的。对于并联运行中的每台发电机,它们的功率因数应尽可能保持一致,以避免它们的无功功率分配不均,影响电网的稳定性。

在交流发电机正常运行时,电网频率的波动范围应保证在额定频率的±5%以内。

（5）其他部分的监测与检查

应对运行中的发电机进行监测、检查转子的转动情况,滑环与炭刷的工作情况,是否有火花等。

三、船用发电机的维护保养

做好发电机的维护保养工作,可以有效提高其无故障工作时间,提高设备可靠性,并且及时发现故障隐患。

1. 发电机维护保养时的注意事项

在进行发电机日常维护保养时,应注意工作环境:附近不应有水、油及污物堆积,不能有腐蚀性气体,以防伤及发电机绕组绝缘。完工后清点工作中所用的工具、抹布等,防止遗漏在发电机内部。

船用发电机多采用内部通风冷却。冷却空气的入口装有空气滤网。冷却空气的温度不得过低,以免绕组及其他导电器件上凝结水珠。

如果发电机出现油漆脱落或锈蚀,应及时除锈,并涂以防锈漆;在绝缘漆轻度受损时,应及时用喷漆补好,但必须先清洁干净。

2. 拆装注意事项

发电机拆装方法与异步电动机大致相同。但由于发电机重量大,在拆装时应注意不要碰伤部件。在拆卸端盖时,注意不要碰伤凸出在机座外面的定子线圈;在取出转子时,要在电机定、转子间垫以纸板,以防损伤铁芯和绕组;在用钢索绑扎转子时,轴颈须用厚胶皮包扎,钢索不得碰到转子轴、风扇、滑环及引线等部分。在转子放置时,应将其放在硬木衬垫上,衬垫放在轴颈或转子的铁芯下面,不得垫在滑环下面,以防滑环被压变形;在转子取出后,滑环要用绝缘厚纸包扎起来,以免锈蚀或碰坏。

3. 发电机的烘干

新安装好的同步发电机,在运行前,一般都应进行烘干。如果绝缘电阻满足要求,可以不进行烘干,但运行开始的 24 h 内,负荷最好不要超过额定容量的 50%。

凡是运行中的发电机停车检修或停用时间超过规定的限度,绝缘电阻低于规定值,则必须进行烘干。当确定发电机表面受潮时,可以用带负荷干燥法进行烘干;凡是因淡水浸湿或蒸汽管道漏气而浸湿的发电机,必须进行烘干;若是发电机被海水浸湿,浸水严重时须先用淡水煮透,去除盐分后再烘干。

　　烘干的方法很多,船舶上有热风法、带负荷干燥法或短路电流干燥法等。干燥初期应每隔 30 min 测量一次温度和绝缘电阻。在温度稳定后,每隔 1~2 h 测一次。

　　在干燥后,当线圈冷却到低于 60 ℃时,定、转子绕组的绝缘电阻应不低于 1 MΩ。

　　4. 空气滤网(Air-filter)的清洁

　　发电机冷却空气进口的空气滤网一般每 3 个月拆下来清洁一次,同时对发电机内部进行一下清洁和检查。在清洁内部时,注意防止损伤绕组、引线等部件,不要用棉纱,同时检查旋转整流器或炭刷、滑环的状况。注意工作之前先把这台发电机的控制开关切断,防止工作中其自动启动造成事故。

　　5. 绝缘电阻的测量

　　每 3 个月测量一次发电机的绝缘电阻,包括定子、转子两部分。为防止测量电压损坏旋转整流器或其他半导体设备,应将整流二极管的阴阳极暂时短接,将电子线路板(如 AVR 板)的接线端子(Terminal)暂时拆下。

　　6. 发电机轴承的维护与保养

　　自带润滑的滑动轴承中的油腔油量应适中,不可过高或过低。运行中不能加油,轴承不能漏油,以免溅到绕组上。

　　润滑油需定期取出样品检查。若油色变暗、混浊、有水或污物时,应予以更换。轴承发热严重时,应更换新油。正常运行 250~400 h,应换油一次,或至少每半年更换一次。发电机说明书或机身铭牌上都标有滑油标号,注意不要用错标号。

　　采用滚珠或圆柱轴承的电机,在运行约 2 000 h 后,需更换润滑脂一次。长期停用的发电机在使用前,如采用滚动轴承,必须先检查其润滑状态。若原有润滑脂已经硬化变质,必须先将轴承用煤油冲洗干净,再填入清洁的润滑脂。润滑脂用量为轴承室空间的 2/3,不可填入过多。

四、有刷发电机的特别注意事项

　　(1)滑环表面要保持光洁,并呈圆柱形。若表面有铜绿及轻度灼痕,可用 200 目以上的细砂皮打磨,事先应拿掉炭刷。若表面严重灼伤或滑环变形,可在船舶厂修时进行修复光车。

　　(2)为使滑环磨损均匀,1~2 年应更换一次极性。

　　(3)当炭刷磨损过多时,即当接触曲面与炭刷引线金属顶端距离在 2~3 mm 时,应换新。新炭刷的牌号必须与原来的相同。在同一极性刷杆上的炭刷应同时更换(成组更换)。新炭刷应进行研磨,使其与滑环表面接触良好,再在轻负载下运转到其接触面光滑为止。新炭刷使用前可进行磨弧,以提高与滑环的贴合程度。

　　(4)炭刷弹簧的压力应按炭刷的长短及推荐的弹簧压力进行调整。在全部炭刷上所施加的压力应相同,以免电流分布不均。压力过高,磨损加剧;压力过小,接触不稳,容易产生火花。应定期检查和调整炭刷弹簧的压力。

　　(5)炭刷在刷握中应能自由移动,一般炭刷与刷握的间隙为 0.1~0.3 mm,以免炭刷在刷

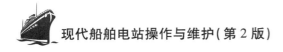

握中被卡住或摆动。

实 训 任 务

1. 简述无刷发电机的结构。

2. 船用发电机的维护保养要求有哪些?

3. 进行发电机空气滤网的清洁。

4. 进行发电机定子及转子绕组的绝缘测试。

5. 无刷发电机维护保养中的注意事项有哪些?

第8学习单元 发电机调压器的调整

本学习单元的基础理论知识和实操技能训练内容：
1. 发电机调压装置的分类；
2. 相复励装置的电压调整方法；
3. 闭环调压系统的电压调整方法。

保持电压的恒定是供电质量的重要指标之一。但由于船舶电网容量小，单个负载的功率相对偏大，对电网冲击大，所以电压波动十分严重。为了保证电力系统的正常运行，同步发电机的自动电压调整器（调压器，Automatic Voltage Adjuster）起着十分重要的作用。调压器除了可以通过励磁的调节来进行电压控制外，还可进行无功功率分配控制。

一、调压装置的分类

船用发电机分无刷、有刷两类。其调压器也不相同。无刷机调压器的功率较小。按调节原理分类，调压器可分成三种类型：

1. **按扰动（负载）进行调节**
它是按发电机电流的大小及其功率因数来对发电机励磁电流进行调节的。其静态特性较差，动态特性较好。这类装置的静态电压调整率一般在±（3%～5%），最好达到±2%以内。不可控相复励调压器就属于这种类型。

2. **按负反馈（Negative Feedback）电压偏差进行调节**
它是按发电机输出电压的偏差 ΔU 来对发电机励磁电流进行调节的。这类装置的电压调整静态精度高。现在静态电压调整率一般均在±1%以内，有的已达到±0.5%以内。这类装置欠缺的是动态特性不如按扰动进行调节的装置。晶闸管调压器就属于这种类型。

3. **按复合（Compound）原理进行调节**
它是按扰动与电压偏差的综合信号进行调节的。这类调压装置是将上述两种调压装置结合在一起，静态特性与动态特性都很好。可控相复励调压器就属于这种类型。

二、相复励装置的电压调整

相复励装置有可控和不可控两类。它设有提供励磁电压分量的移相电抗器和电流分量的电力电流互感器。相复励装置的电压可按电压分量与电流分量两个方面来进行调整：发电机空载电压可通过电压分量来调整；发电机带负载后的电压可通过电流分量来调整。

发电机空载电压偏低，说明励磁电流的电压分量偏小。减小移相电抗器（见图8-1）的电感值，可增大电压分量：通过减少移相电抗器的匝数（该电抗器有不同匝数的多个抽头）来进行粗调；当调整到最接近额定电压值的匝数时，再通过增减电抗器的气隙（Air Gap）来进行细

图 8-1　移相电抗器

调,直至调到该装置的最佳空载电压值。移相电抗器的铁芯是分段的。其上部的铁芯可以拆下来。它的下面压有一些绝缘的玻璃纤维薄片或青壳纸片。这些薄片是低导磁率材料,且在磁路中,相当于气隙的作用。增减薄片或青壳纸片的层数,相当于改变气隙的厚度,进而改变电感值。譬如增加薄片或青壳纸片的厚度,则磁路中由于磁阻增加,进而磁通下降,相当于电感值下降,则电感器的感抗值下降,励磁电流的电压分量上升,发电机的端电压上升。一般每增加 1 片薄片或青壳纸片,发电机的端电压可上升 2~4 V。

　　发电机负载电压偏低,说明励磁电流的电流分量偏小。应改变电力电流互感器的变比。电力电流互感器的原边一般只有两三匝,副边则是设有不同匝数的多个抽头,可以减少副边匝数来增大变比值,即增加电流分量值来调整负载电压。因匝数抽头有限,故只能粗调。若电压仍不达标,则可通过三相副边匝数不对称调整法来进一步地调整。

三、闭环调压系统的电压调整

　　闭环系统根据电压偏差来调节励磁电流的大小。系统中都设有控制印刷电路板,就是我们常说的发电机 AVR 板(见图 8-2)。有些发电机 AVR 板安装在发电机上部的接线盒中,有些安装在主配电板的发电机控制屏中。该板上的电位器(有时会外接安装在发电机控制屏中)可以对发电机的电压调整特性线进行二次调节(上下平移),从而调整它的电压值。有些系统还另设有一个可以调节电压调整特性线斜率的电位器。值得注意的是,有些线路板调节的是励磁电流(如晶闸管调压器),有些调节的是励磁电流中的分流量(如可控相复励调压器)。当电压偏差一定时,两者的调整方向正好是相反的:如当发电机电压偏低时,

图 8-2　发电机 AVR 板

应将晶闸管调压器的励磁电压调大,或将可控相复励调压器的励磁电流分流量调小。

如前所述,在进行发电机绕组的绝缘测试时,应将发电机 AVR 板的接线端子暂时拆除,以防测量的高电压损坏板内电子器件。

实 训 任 务

1. 调整不可控相复励调压器发电机的端电压(空载及负载电压出现偏差时)。
2. 通过发电机 AVR 板进行发电机端电压调整。

第9学习单元　船用发电机的并车与解列操作

本学习单元的基础理论知识和实操技能训练内容：

1. 并车应满足的三个条件；
2. 同步表法准同步并车操作的步骤与方法；
3. 同步指示灯法准同步并车操作的步骤与方法；
4. 手动均功调频操作的步骤与方法；
5. 手动解列操作的步骤与方法。

　　船舶电站通常设有三台甚至更多的发电机组（Generator Sets，简称机组）。根据船舶不同的运行工况，有时需使用两台或更多发电机组同时通过主配电板的汇流排（母线）向全船负荷供电。这就是通常所说的发电机并联运行（Parallel Operation）。一台发电机由主开关分闸状态到合闸状态的操作叫并车，反过程叫解列。该船电站中的汇流排连接开关在其两侧都有电的状态下合闸也属于并车操作。

　　在一台发电机并入电网前，因为它的参数必须满足一定的要求，所以待并机在并车前要通过并车装置进行适当的调节（Adjust）和操作；而解列时也必须先转移待解列机的负荷，才能减小分闸对电网的冲击，以保证电网稳定工作。

　　在并车以后，为了保证并联运行的稳定性，容量相同的发电机应能均分电网的有功功率与无功功率，并且维持频率稳定。这就要求并联运行机组间应有大体相同的有功负荷与无功负荷外特性：发电机组有功负荷外特性实质就是原动机的调速特性，无功负荷外特性实质就是发电机的励磁调整特性。因此，我们通过发电机的油门（转速）调节来调整并联机组间的有功功率分配，通过发电机的励磁（电动势）调节来调整并联机组间的无功功率分配。

　　船用发电机组的启停及运行管理、手动准同步并车、手动均功调频、解列操作和转移负荷和轮机员必须掌握的基本操作技能。下面将进行详细介绍。

一、船用发电机组的启停及运行管理

　　1. 船用发电机组运行前的准备和启动
（1）清除发电机组表面及周围杂物。
（2）打开通风口及风机。
（3）主发电机运行前一般需要提前暖缸和预润滑，发电机组启动前要检查燃油、滑油、透平、冷却水、启动空气等系统是否正常，冲车完毕后关闭缸头的示功阀。
（4）检查各控制开关位置是否正确。
（5）检查柴油机盘车棍是否已固定好。
（6）选择启动方式为机旁或遥控。在进行机旁手动启动时，注意每次启动时间不宜过长。若一次启动不成功，应间隔一段时间再启动。

2. 机组的运行管理

(1)在机组进入平稳运行,发电机电压、频率正常稳定后方可合闸。

(2)要经常观察机组在正常运行中运行是否正常,控制屏仪表指示是否在正常位置,有无报警指示,特别注意油压、水温等重要运行参数。

3. 正常停机

在正常停机前,首先进行解列,机组空载运行一段时间后(3~5 min)方可停机。

4. 紧急停机

(1)在发现机组出现严重故障或配电故障时,可按下控制屏紧急停机按钮停机。

(2)若无特殊情况,不要通过紧急停机按钮进行停机操作。

(3)在紧急停机后,只有在排除故障,并将控制系统进行复位后,才可再次进行机组启动。

停机后,关闭相关的开关和阀件,检查有无柴油、润滑油、冷却水、压缩空气的泄漏情况,并在辅机日志上做好机组运行记录(运行时间、机组运行情况)。如果机组处于自动备用状态,则应保持其控制开关和阀件的工作状态,以备随时启动运行。

二、手动准同步并车

理想状态下的并车应满足以下三个条件:

(1)待并发电机的电压与电网(或运行机组)电压(Voltage)的有效值相等。

(2)待并发电机的频率与电网(或运行机组)频率(Frequency)相等。

(3)待并发电机电压的相位与电网(或运行机组)电压的相位(Phase)一致。

手动并车多采用准同步的方式。准并车操作就是测量与调整以上的三个参数,使它们在基本满足条件时合上待并机的主开关,在适当的冲击电流均压和自整步作用下将待并机拉入同步。

主配电板上的电压表(Voltage Meter)、频率表(Frequency Meter)、同步表或同步指示灯就是测量以上这些参数的仪表。但由于频率表的测量精度较低,达不到并车的要求,因此并车操作中频差的检测必须通过直接观察同步表来进行,并按同步表的转向及转速调节待并机组的频率(也可以使用同步指示灯)。在并车时,只要待并机组已启动成功、电压建立,在原动机的相关参数也正常时,即可开始进行手动操作。通常运行机组的各项电参数在并车前都保持在额定数值附近,因此并车时参数的调整主要是调整待并机组的参数。

1. 手动并车操作步骤与方法

(1)在主配电板前查看待并机与运行机电压表的数值指示,一般均在许可范围内。只要发电机满足船级社规范要求,则电压差一定在±5%以内,因此通常不需要考虑。

(2)打开同步表(Synchro Indicator)开关,指向待并机的位置,观看同步表旋转方向与旋转速度。

(3)通过发电机控制屏(或并车屏)上调速开关(或调速按钮),按同步表的转向及转速对待并机组做相应调整。通常待并机应在正频差下进行并车。这样并车瞬间不会发生逆功率,且待并机一并上网即承担一定的负荷。大多数同步表顺时针旋转表示待并机组频率高于电网频率。一般同步表指针调整到向快的方向(顺时针)旋转,且转一圈的时间在 3~5 s 之间(相应频差在 0.2~0.33 Hz),即可准备合闸。

(4)在并车时,应考虑发电机主开关固有的动作时间,即从合闸按钮按下到主开关触头闭

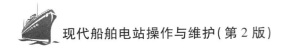

合所需时间。这是合闸机构的机械动作时间。采用电磁铁合闸的主开关,一般可按0.1 s计;采用电动机合闸的早期产品可按0.3 s计。顺时针旋转的同步表的同步表指针按钟表指针计算,12点钟代表待并机与运行机同相位时刻。若同步表转一圈为3 s,考虑到机械动作和手按按钮的时间,电磁铁合闸主开关应在56 min时进行合闸操作;若同步表指针转一圈为5 s,应在57.5 min时进行合闸操作。较新型的如AH、AT及BE等型号的电动机合闸操作机构主开关,提前量同电磁铁合闸操作机构。老式电动机合闸操作机构的提前量应多一些,可在约53.5 min时合闸。

(5)并上车后应关闭同步表开关。

(6)进入负载分配与频率调整操作程序。

需要特别注意的是,在进行调速操作时,从扳动开关到发电机转速、频率开始变化有一定的时间延迟。为防止过度调节而造成逆功率或频率偏差过大,每次调油门操作时的时间不应过长。扳动调速开关的时间应在1~2 s之内,且最好采用点动调节。

2. 同步表

同步表又称整步表,是用来指示待并机电压与电网电压间相位差、频率差及其方向的仪表。船用同步表大多采用电磁式或发光二极管式。

若待并机的频率超过电网频率,同步表的指针就向顺时针(Clockwise)方向转动,即指针向"快"的方向旋转;若待并机的频率低于电网频率,则同步表的指针将向逆时针(Counter Clockwise)方向旋转,即指针向"慢"的方向旋转。因此,可以根据同步表指针转动方向来判断差频的方向。另外,同步表指针是按差频角速度进行旋转的,即指针转一圈的时间就是频差的倒数。相差由指针角度表示,按钟表指针计算12点钟代表同相位,6点钟代表反相位(Reversed Phase)。

电磁式同步表的接线图如图9-1所示。该同步表由定子与转子组成:定子三相绕组通过电压互感器分别接在待并机组的U、V、W三相电压上,产生受待并机频率影响转速的旋转磁场;转子铁芯的励磁绕组通过电压互感器接在电网的U、V相上,产生按电网频率变化的脉动磁场;在两个磁场的相互作用下,转子在轴上转动。

现在船上多采用成本较低的发光二极管式同步表。表盘上没有指针,而是装有一圈发光二极管。在使用时,相邻的二极管依次亮起,可以看到灯光旋转,同样根据旋转的方向、速度及角度来判断待并机与电网的频差方向、大小和相位差。FS96-S型LED式同步表的接线图如图9-2所示。图中在同步指示器表盘上,圆周均匀分布有36个发光二极管,每个代表10°电角度。上方12点钟处为360°,其中"SYNC"在12点钟处,为同步指示。这种同步指示器只需接待并机和电网的对应两相,共4根接线。

3. 同步指示灯法

手动并车除借助同步表进行操作外,也可利用同步指示灯(Synchro Lights)。通常同步指示灯被当作备用的设备,一旦同步表损坏,就可以借助同步指示灯进行并车操作。

同步指示灯有两种类型:灯光明暗法与灯光旋转法。

(1)灯光明暗法

这种方法也称为灯光熄灭法。灯光明暗法接线及原理如图9-3所示。该方法中的每个指示灯均是接在待并发电机电压与电网电压的对应相上。因此,指示灯上的电压为待并机电压与电网电压间的相位差电压。由于三灯明暗同步,故明暗法可以用三盏指示灯,也可用两盏指

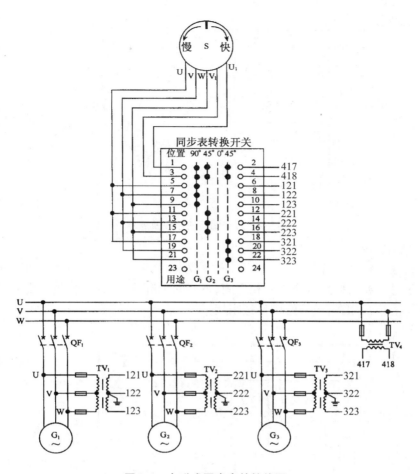

图 9-1　电磁式同步表的接线图

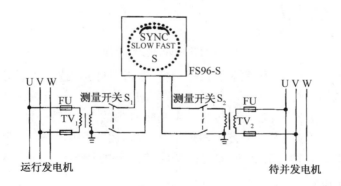

图 9-2　FS96-S 型 LED 式同步表的接线图

示灯,甚至一盏指示灯。

　　在使用过程中,从指示灯明暗变化的速度可判断差频的大小,进而调整待并机的频率,直至明暗变化一周在 3~5 s($\Delta f = 0.2 \sim 0.33$ Hz),然后捕捉灯光完全熄灭(即相位一致)的时刻进行合闸操作。

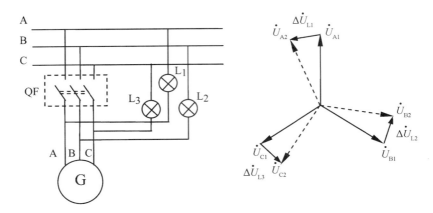

图 9-3　灯光明暗法接线及原理

（2）灯光旋转法

灯光旋转法接线及原理如图 9-4 所示。这种方法采用三个指示灯,按三角形布置:上方正中的一盏指示灯接在对应的两个第一相之间,下面两个灯系交叉接法,即一盏灯接在待并机的第二相与电网的第一相,另一盏灯则反过来接。

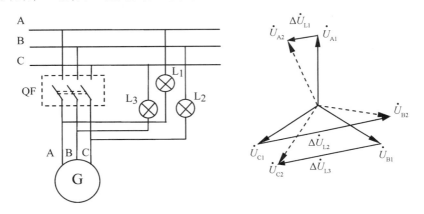

图 9-4　灯光旋转法接线及原理

只要待并机电压与电网电压频率不相等,这三盏指示灯就会先后出现明暗交替变化,即呈现灯光旋转现象:从指示灯的旋转方向来判断频差的方向,即待并机频率高,灯光呈顺时针方向旋转,反之呈逆时针方向旋转;从旋转速度来判断差频的大小,转一圈时间的倒数即为频差值,一般要求旋转一圈在 3～5 s;上方正中指示灯熄灭,且下面两盏指示灯的灯光变化到亮度相同,即为相位一致的时刻,应在此时刻之前提前进行合闸操作(合闸提前角)。

三、手动均功调频

在进入负载分配与频率调整操作步骤后,要注意均功时电网频率的变化。若有需要可采用双手调节或单手调节电网频率。当电网频率保持在额定值,只是两机的有功功率分配不均匀时,应采用双手调节,即同步调节两机的油门,功率低的加油门,功率高的减油门,以保持功率转移过程中总油门不变,电网频率才可维持不变;调至两机功率将要均分时及时停止,防止超调。当两机的功率分配不均,且电网频率也有偏差时,采用单手调节效果更好:如果电网频率高于额定值,应调低功率高的发电机的油门,转移功率的同时也调低电网频率;如果电网频率低于额定值,应调高功率低的发电机的油门,转移功率的同时也调高电网频率。

四、解列操作

解列之前要先把待解列机的负荷降至额定功率的5%以下,但也不要转移负荷过多而呈逆功率。可采用双手调节的方式,使负荷达到要求后及时分闸,再调整运行机频率至许可范围。

实 训 任 务

1.进行发电机手动准同步并车操作(使用同步表及指示灯)。
2.进行并联运行发电机组的手动负荷转移及分配操作。
3.进行发电机组的解列操作。

实 训 视 频

1.发电机准同步并车

2.均功调频操作

3.解列操作

第10学习单元　并联机组间的有功、无功功率分配

本学习单元的基础理论知识和实操技能训练内容:

1. 无功功率自动分配装置的工作原理;
2. 无功功率自动分配装置故障的判断和排除(均压线及电压调整装置);
3. 并联发电机组的无功功率分配手动调节;
4. 并联发电机组的有功功率分配、二次调节及调速器的调整方法。

一、无功功率自动分配装置及调整方法

1. 均压线

(1)工作原理

不可控相复励调压器的调压特性曲线是不可改变的。这种类型的发电机组为了能稳定地并联运行,不得不采取均压连接的方法。用得最为广泛的是直流均压连接,又称转子均压连接。这种方法是,当待并发电机接入电网时,同时将其转子励磁绕组并接在均压线上,因此在并联运行时各机组的转子励磁绕组具有相同的励磁电压(容量相同的机组并联运行),即迫使并联运行的机组有相同的励磁电流,亦即发电机的电势相等,从而实现了均分电网的无功功率。

直流均压线的优点在于能排除并联运行发电机组间调压器特性的差异。无功分配仅与发电机本身励磁特性(励磁电流与发电机电势关系)有关,所以无功分配令人满意,并联运行时稳定性好。但作为均压线,电缆的截面积较大,均压接触器触头的容量也较大,在转移有功功率时,无功功率无法得到转移,因此发电机主开关需在大电流下切断。

除直流均压线外,均压线还有交流均压线。这种方法是在移相电抗器之间进行均压连接,使用较少,一般不同容量的发电机组并联运行时才予以采用。

(2)故障的判断与排除

采用均压线并联运行的发电机组,一旦均压连接中断,将会导致无功分配严重不等。发电机组并联运行中,两台功率表指示基本相同而电流表指示相差太大的情况发生(亦即两台功率表指示基本相同而功率因数表指示相差较大),均说明均压连接发生中断。此时应检查均压接触器,查看均压接触器是否通电动作、触头是否接触良好等来排除故障。

2. 环流补偿装置及其调整方法

(1)工作原理

环流补偿装置主要应用于可控相复励调压器、可控硅调压器等系统中。该装置实质是一个无功电流(功率)检测装置,将测得的信号加到调压器上,从而实现改变无功功率。环流补偿装置原理如图10-1所示。这种装置可改变发电机电压调整特性曲线的倾斜度。只要调整并联运行机组的调压调差系数基本一致,则并联时就可稳定地、均匀地分配电网的无功功率。

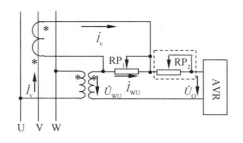

图 10-1　环流补偿装置原理图

（2）故障的判断与排除

前述的装置电路中设有两只调节电位器。其中，RP_1 可以改变电压调整特性曲线的调压调差系数；RP_2 则可以上下平移电压调整特性曲线，即并联运行时可对无功功率的分配作二次调节。当两台并联运行发电机之间出现无功功率无法均分的故障时，可通过这两只电位器的调节使两台发电机的电压调整特性曲线趋于一致，从而调整它们之间的无功功率分配。当然电位器也可以用来整定单机运行时电压。

3. 并联发电机组的无功功率分配手动调节

如前所述，在发电机组并联运行中，当出现两台功率表指示基本相同而电流表指示相差太大的情况时，若配备有功率因数表，两台功率表指示基本相同而功率因数表指示相差较大时，则说明两发电机无功功率分配出现了不均匀的情况。分配严重不均会造成承担无功多的发电机因为电流过载而引起优先脱扣或主开关跳闸。此时电流大或功率因数低的发电机承担的无功功率较多，应适当通过调整其励磁电流的方法降低其电动势值；反之则应调高励磁电流。如果发电机采用均压线进行无功自动分配，则应检查其是否正常工作；如果采用环流补偿装置进行无功自动分配，则应通过调整电位器来调整发电机电动势。

二、有功功率的分配、二次调节及调速器的调整方法

1. 发电机组的功率-频率静特性线及其一次调节

柴油发电机组的调速器决定其喷油量，进而决定机组承担的有功功率，并且影响电网的频率。不去操作调速开关（或按钮）而仅通过调速器自身作用来进行的转速（频率）调节称为一次调节。此时该发电机组的功率-频率静特性线不变，发电机的工作点在这条线上运动。由于该特性线是有差（倾斜）的，所以发电机的转速（频率）也会发生变化，偏离额定频率值。

2. 频率的二次调节与电力系统有功功率的分配

当电力系统由于负荷变化引起频率与负荷分配的变化，依靠调速器的一次调节作用已不能达到均功调频的要求时，需要对发电机组进行二次调节，即通过操作调速开关（或按钮）使发电机组的功率-频率静特性线上下平行移动，以保持系统的频率在允许范围之内，同时使有功功率的分配也保持在合理的范围内。自动化电站能自动发出调速指令，进行二次调节。

（1）单机运行时频率的调整

单机运行时的二次调节可以将电网的频率调整到额定值上，同时电站的总负荷也会有一定改变。频率调高，负荷增大，反之则负荷减小。

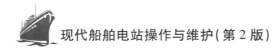

（2）并联运行时有功功率的分配与频率的调整

并联运行时负荷的分配方案主要采用比例负荷分配法。当机组都是柴油原动机,且容量相同时,这一方法也被称为均功恒频法。上一单元学习的单手、双手操作,其实都是不同的二次调节操作。改变两台发电机组的功率-频率静特性线,就可以改变它们的有功功率分配情况以及电网频率值。

3. 发电机组调速器的调整

并联运行中的船舶电站,常会发生并联时负荷增加后某台机组承担的有功功率比其他机组要多(或要少)的现象。这就说明该台机组的功率-频率静特性曲线要比其他机组的特性曲线硬(软)一些。大多数船舶柴油机调速器为液压调速器。通过调速器上的速度降旋钮向数值大(小)的方向调整,注意一般只需略微动一点,即可实现调整功率-频率静特性的斜率,使该机组的特性与其他机组的特性尽可能相一致,从而实现并联中有功功率的分配趋于均衡。

在实际调试中,发生改变速度降解决不了有功功率分配不均的情况,大多是由机组的空载频率相差太大引起的,应该对此进行相应的调整。

实 训 任 务

1. 简述两种无功功率自动分配装置的工作原理。

2. 调整设有环流补偿装置发电机的端电压。

3. 如何判断并联运行发电机出现无功分配不均匀的故障? 排除此故障。

第三篇

船舶应急电源及蓄电池的管理与维护

第 11 学习单元　船舶应急供电系统的运行管理

本学习单元的基础理论知识和实操技能训练内容：

1. 船舶应急供电系统；
2. 应急发电机及应急配电板；
3. 应急发电机的手动及自动启动试验。

一、船舶应急供电系统

船舶应急供电系统可采用应急发电机或蓄电池组。现代化船舶大都使用应急发电机（Emergency Generator）。其配电装置为应急配电板（Emergency Switchboard）。

应急配电板及发电机一般位于生活区艇甲板（Boat Deck）层应急发电机房内。该房间内还布置有应急照明变压器、应急发电机启动用蓄电池等。图 11-1 所示，在主发电机正常供电时，应急配电板由主配电板经应急配电板供电开关（位于主配电板上）和联络开关（位于应急配电板上）供电。在主发电机因故跳闸致全船失电后，联络开关即自动断开，应急发电机自动启动。应急发电机主开关自动闭合，对应急配电板供电（由于联络开关已经断开，应急发电机的电源供不到主配电板，即主配电板向应急配电板供电有"单向性"）。在主发电机恢复供电后，控制系统检测到主电网有电，应急发电机主开关先跳闸，接着联络开关合闸，应急配电板恢复由主配电板供电。

应急发电机在主发电机失电后自动投入运行，为全船的重要负载供电。其中的照明电压负载包括重要部位的应急照明、航行信号灯、通信导航设备、重要设备的控制系统等；动力电压负载包括应急消防泵、一台舵机及控制系统、一台机舱通风机、应急空压机等。由于应急配电板平时由主配电板供电，它下面的应急负载在主发电机供电时也是可以使用的。前面在电路

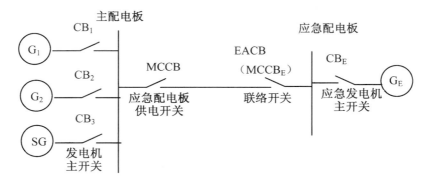

图 11-1　主配电板与应急配电板间关系单线图

图中学习过的主配电板上的应急照明日光灯管,由应急配电板供电。当船舶电网正常供电时,应急照明日光灯的电源由主发电机到主配电板再到应急配电板,此时该灯管是作为普通照明灯使用的;当船舶电网应急供电时,应急照明日光灯管的电源由应急发电机到应急配电板,此时该灯管是作为应急照明灯使用的。

二、应急发电机与配电板

1. 应急发电机

应急发电机都使用轻油的柴油机组。其原动机为风冷式,启动采用蓄电池。其蓄电池电压多为 24 V,有些还装有机械式的储能启动装置,作为蓄电池没电时的备用启动方式。

2. 应急配电板

应急配电板平常由主配电板通过联络开关供电。当应急配电板上的联络开关在自动状态时,主配电板有电,联络开关自动闭合;没电则自动断开。主配电板上的应急配电板供电开关是一个手动开关,在并车屏的下半屏。

在自动状态时,若主配电板失电,应急发电机需要在 45 s 内完成自动启动-自动合闸来向应急电网供电。

某船的应急配电板如图 11-2 所示,包括应急发电机控制屏、动力负载和照明负载屏等,具有应急发电机控制、应急动力和照明负载配电、相关设备监视、报警及保护等功能。

应急发配电系统的重要操作和测试都需要通过应急发电机控制屏上的操作和转换开关来完成。图 11-2 左侧所示的应急发电机控制屏从上往下的主要仪表、指示灯、控制开关和设备包括:

(1)电流、功率、频率、电压表用于指示应急发电机或电网参数。由于船舶正常供电时应急配电板电源来自主电网,此时若进行应急发电机手动测试,发电机主开关不合闸,即发电机一直保持空载运行。为能用同一个电压、频率表显示出应急发电机和汇流排(主电网)的参数,这两个表一般需要通过转换开关进行"发电机(Gen)侧"和"汇流排(Bus)侧"两组测量参数的选择。

(2)兆欧表、地气灯用于应急电网绝缘监测。

(3)应急发电机主开关合分闸按钮带灯(绿色及红色)、联络开关 BUSTIE CB 合分闸按钮带灯(绿色及红色)、发电柴油机的启动准备指示灯(黄色)、运行指示灯(白色)及应急停机按钮(红色带保护盖)、烘潮加热器旋钮开关带灯(蓝色)、24 V 直流供电指示灯(白色)。

图 11-2　某船的应急配电板

（4）应急发电机控制模式选择旋钮开关有手动/自动两个位置,平时应置于自动位,进行手动测试时需置于手动位(此时船舶电站监视报警系统会发出报警),测试完毕应及时复原。

（5）发电控制屏的上部还装有应急发电机自动启动试验开关(带钥匙)。

应急发电机主开关为框架式;联络开关为塑壳式,且加装了电动合分闸操作装置。这两个断路器分别装在发电机控制屏和负载屏的下半屏。

三、应急发电机手动和自动启动试验

1. 船舶应急发电机手动"MANU"启动试验

该试验是指手动启动应急发电机的柴油机但不合闸,主要测试启动用的蓄电池和电机的状态,以及柴油机和发电机的空载运行。在试验时,首先将应急发电机控制模式开关打到手动状态;之后去应急发电机组控制箱(一般设于机旁),将其上的控制位置选择开关打到"机旁"位,并利用启动按钮启动机组。当机组启动成功、运行稳定后,去应急配电板查看发电机的三相电压和频率情况。由于其主开关不合闸,应急发电机会空载运行。试验结束后,利用控制箱上的"STOP"按钮停止机组,控制位置选择开关打到"遥控"位;最后将应急配电板上的控制模式扳回"AUTO"位。

2. 船舶应急发电机自动(AUTO)启动试验

自动启动试验比手动启动试验要复杂得多,先模拟主配电板失电,使应急发电机自动启动,建立电压成功后自动合闸;有时还要包括主电网恢复供电后应急发电机主开关自动分闸,联络开关再自动合闸后恢复主配电板向应急配电板供电的过程。试验按钮或试验开关安装在应急配电板内部。

在具体试验过程中,控制模式开关保持在"AUTO"位。在试验钥匙开关转到"TEST"位置后,控制系统立即发出使应急配电板上联络开关跳闸的指令,使应急配电板失电。处于备用状态的应急发电机组自动启动。在启动成功、电压建立后,应急发电机主开关合闸向应急电网供电(此时船舶即处在主电站、应急电站同时供电状态,只不过现在这两个电网没有电的直接联系)。结束试验时,关闭"TEST"开关,解除试验状态,控制系统检测到主电网有电,应急发电机主开关先跳闸,之后联络开关合闸,应急配电板汇流排恢复由主电站供电;应急发电柴油机经延时后自动停机。

应注意,有些系统在试验完毕之后需要手动停止发电柴油机,在试验过程中还会出现应急配电板的断电。为防止配电板上重要负载受到冲击,在试验前应先将它们关闭(如计算机及网络设备、通导设备等),并且试验应在船舶停航时进行。

实 训 任 务

1. 主配电板和应急配电板之间是如何联系的?
2. 应急配电板的组成是怎样的? 将其上的控制模式开关打到正常工作位。
3. 进行应急发电机手动启动测试。
4. 进行应急发电机自动启动测试。

实 训 视 频

1. 应急配电板

2. 应急发电机手动启动测试

3. 应急发电机自动启动测试

第 12 学习单元　应急配电板的识图

本学习单元的基础理论知识和实操技能训练内容：
1. 应急配电板单线图的识读；
2. 应急配电板控制线路图的识读。

相比较于主配电板,应急配电板的线路图要简单得多,并且在识图方面有许多相同的地方。以下主要介绍其中的一些特殊的功能线路。

一、系统的单线图

图 12-1 是应急配电板的单线图。由图可以看到,它虽然只有一个屏,但也分为应急发电机控制屏、440 V 动力负载屏、220 V 照明负载屏三个部分。其上半屏是应急发电机控制屏,汇流排上有应急发电机主开关和主板联络开关两个自动开关。它们是互锁关系,不允许同时闭合。下半屏的上部是应急动力负载的配电开关,下部是应急照明负载的配电开关,其电压由应急照明变压器得到。

二、系统的控制线路图

1. 应急发电机的主开关控制线路图

（1）主开关合、分闸控制线路

在附录中的实例船舶电站控制线路图（应急配电板）中,附图 2-1 是应急发电机 CB 控制电路,进行合、分闸控制。其左侧的 MN 是开关的失压线圈,用于开关的保护性跳闸。其中的 7 和 8 之间的触点来自机旁的柴油机控制箱（XR 是外接线的端子排）。当应急发电柴油机进行机旁手动停机或因故障要保护停机时,该触点断开,以切断主开关。K102.3 常闭触点用于与联络开关的互锁。SB185.7 是屏上应急停机按钮的一个触点,在应急停机时同时会分断主开关。右侧的 MT 是开关的电动合分闸控制装置,其中的 SDE 是代表主开关合、分闸状态的一个微动开关,A2 和 A4 线分别用于合分闸动作控制,前者通则合闸,后者通则分闸。合闸时,K85.5 触点闭合。分闸时,手动模式通过分闸按钮 SB84.9,自动模式通过 KT102.7 延时闭合触点。

（2）主开关的状态指示和合闸操作控制电路

附图 2-2 是辅助继电器电路应急发电机 CB 控制。其左侧 EG QF 的 QF1 是主开关辅助触点,当主开关闭合后,K85.2、K85.3、KT85.4 线圈得电,其中的 KT85.4 是失电延时继电器。图的右侧是合闸操作电路,通过开关 SA85.51 可选择手动和自动两种模式,手动时通过合闸按钮 SA85.52 合闸,自动时通过 KT85.7 延时闭触点合闸。该线路中的 K85.3 常闭触点用于防止合闸后的再次合闸误操作,K102.2 用于应急发电机主开关与联络开关的互锁。最右面的 KT85.7 时间继电器线圈电路用于主开关合闸的条件控制,柴油机启动运行（K88.4 闭合）,且

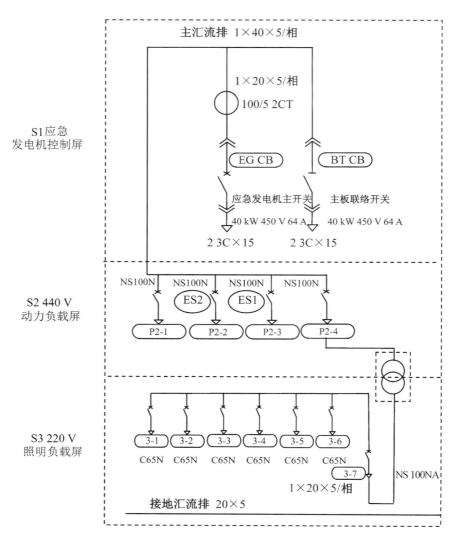

图 12-1 应急配电板的单线图

K102.7 闭合。

2.联络开关控制线路图

(1)联络开关的状态指示和合闸操作控制电路

附图 2-3 是联络开关辅助继电器电路,进行联络开关的状态指示和合闸操作控制。其左侧 QF BT 的 QF1 是联络开关辅助触点,当联络开关闭合后,K102.2、K102.3 线圈得电。该页图纸中间部分为联络开关的合闸控制电路:该线路的电源来自主配电板,全船失电后应急发电机主开关闭合而联络开关断开,当船舶主电网又恢复供电之后,此线路的电源也恢复;SA102.6 是联络开关的控制模式选择开关,打在自动位时其在该页的触点闭合;此时由于 K102.2 触点也闭合,会使 KT102.7 得电,延时继电器线圈得电,其触点在附图 2-1 中用于切断应急发电机主开关;接着 KT85.2 触点闭合,得电延时继电器 KT102.5 的线圈得电,经 3 s 延时后,其常开触点闭合;K102.6 继电器线圈得电,其常开触点在附图 2-4 中用于合闸操作。另外,该图中最右的一列是失电延时继电器 KT102.9 的线圈电路:当主电路失电后,该继电器失电,其触点延时动作启动应急发电柴油机;而主线路恢复供电后,也是由其触点来停止柴油机。

(2)联络开关的合、分闸控制电路

附图 2-4 是联络 CB 控制电路,进行联络开关的合、分闸控制。其左侧的 MN 是开关的失压线圈,用于开关分闸。线路中的 K85.2 触点用于与主开关的互锁保护,SA102.6 用于手动的分闸。右侧的 MT 是开关的电动合分闸控制装置,其中 A2 线用于合闸动作控制,控制触点是前述的 K102.6。这一页的控制电源同样来自主配电板。

3. 自动启动试验的控制线路动作过程分析

附图 2-3 和附图 2-4 中的按钮开关 SB102.9 用于应急发电机自动启动试验,其原理是:当主电源电路正常向应急配电板供电时,按下此按钮,它在附图 2-4 中的触点断开,切断联络开关使应急配电板失电;在附图 2-3 中的触点也断开,KT102.9 线圈失电,经延时之后启动应急发电柴油机;之后在附图 2-2 中主开关通过 K85.7 自动合闸。而当测试完毕,手松开按钮后,则自动地切断主开关、停机、联络开关再合闸,该过程同前段的叙述。注意在测试过程中要一直按住测试按钮,且应急发电机主开关和联络开关的控制模式选择开关都打在自动位上。

实 训 任 务

1. 分析应急配电板的单线图。

2. 从控制线路分析应急配电板的主开关合闸需要哪些条件。

3. 分析应急发电机自动启动试验的控制线路动作过程。

第13学习单元　船用蓄电池的使用和维护

本学习单元的基础理论知识和实操技能训练内容：

1. 船用蓄电池的作用及工作原理；
2. 铅酸蓄电池电解液的配制；
3. 铅酸蓄电池充满电及放完电的判断；
4. 蓄电池的充电及过充电；
5. 蓄电池的维护保养及故障排除。

船用蓄电池主要有两类：酸性蓄电池与碱性蓄电池。其主要的用途是：

(1)船舶电网断电时短间内时提供必要的应急照明。
(2)向船舶各类自动化装置、报警装置提供工作电源或作其备用电源。
(3)向发电机励磁绕组提供充磁直流电源。
(4)向电话交换机等船内通信设备提供工作电源。
(5)向船外通信导航设备提供工作电源。
(6)用作应急柴油发电机、救生艇机等的启动电源。

一、酸性蓄电池的认识与使用

1. 酸性蓄电池结构的外观与结构

酸性蓄电池是船舶常用的电池类型，包括两种：传统的铅酸蓄电池和免维护型蓄电池。

传统的铅酸蓄电池由正、负极板，隔板，壳体，电解液和接线桩等组成，如图13-1所示。其放电的化学反应依靠正、负极板活性物质在电解液（稀硫酸溶液）的作用下进行，其中极板的栅架用铅锑合金制造。传统蓄电池在使用过程中过充会造成水的过度分解，使大量氧气和氢气分别从正、负极板上溢出，导致电解液减少，所以应定期补充蒸馏水。在结构方面，加液孔上有塑料帽。

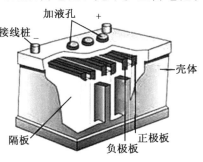

图13-1　铅酸蓄电池的结构

免维护型蓄电池是用铅钙合金制造。由于蓄电池采用了铅钙合金做栅架，所以其充电时产生的水分解量少，水分蒸发量也少，加上外壳采用密封结构，释放出来的硫酸气体也很少，所以它与传统的铅酸蓄电池相比，具有不需添加任何液体、对接线桩等部位腐蚀少、抗过充电能力强、启动电流大、电量储存时间长等优点，近些年在国内备受青睐。其外观与传统的铅酸蓄电池类似，但在每节电池上只有一个很小的透气孔。

2. 配制电解液

蓄电池的电解液是由高浓度的硫酸和纯度合格的蒸馏水配制而成的。电解液配制成分的质量比与体积比如表 13-1 所示。电解液配制好冷却至室温后,用比重计进行密度测量。

表 13-1　电解液配制成分的质量比与体积比

15 ℃时的相对密度	质量		体积	
	蒸馏水	浓硫酸	蒸馏水	浓硫酸
1.24	68.0%	32.0%	78.4%	21.6%
1.25	66.8%	33.2%	77.4%	22.6%
1.26	65.6%	34.4%	76.4%	23.6%
1.27	64.4%	35.6%	75.4%	24.6%
1.28	63.2%	36.8%	74.4%	25.6%
1.29	62.0%	38.0%	73.4%	26.6%
1.30	60.9%	39.1%	72.4%	27.6%
1.31	59.7%	40.3%	71.4%	28.6%

配制电解液时,应注意以下几点:

(1)操作人员必须戴防护眼镜、防酸手套,穿防酸围裙和高筒胶靴。若有硫酸溅到皮肤或衣服上,应立即用 10%的苏打(Na_2CO_3)水溶液擦洗,然后用清水冲净。

(2)所用的器皿必须是耐酸及耐热的有釉陶瓷缸、玻璃缸、硬橡胶或塑料容器。

(3)切记必须先将需用的蒸馏水加入容器内,然后再将硫酸缓缓沿玻璃棒注入蒸馏水中,并不断地加以搅拌,以使混合均匀,散热迅速。若温度升高过快,可暂缓加入硫酸,待温度低于 55 ℃后再配制。禁止将蒸馏水倒入浓硫酸中,以免引起溶液沸腾飞溅,造成腐蚀物体和灼伤事故。

(4)初配好的电解液,温度可高达 80 ℃左右,故不可立刻注入蓄电池槽内,必须冷却到室温或比室温高 5 ℃左右再用。同时检查电解液密度,检查时可用吸式比重计测量,并换算成 15 ℃时规定的密度。密度低则加入相对密度为 1.4 的稀硫酸溶液,密度高则加入蒸馏水予以调整至规定值。

3.蓄电池电解液液面高度的测量

传统的铅酸蓄电池需要定期检查电解液的液面高度。

(1)玻璃管测量法:测量时,用一根直径为 3～5 mm 的空心玻璃管,垂直插入蓄电池加液孔内极板的上平面处,大拇指按紧玻璃管上端,使管口密封,然后提起玻璃管,迅速用尺测量管内的液面高度;或用浅色的干木条垂直插入孔内极板的上平面处,然后取出,用尺量取痕迹的高度。高度标准应在 10～15 mm 之间。若液面过高,应用吸管吸至标准液面;若液面过低,一般应添加蒸馏水至标准液面。

(2)观察液面高度指示法:对透明塑壳封装的蓄电池,可通过观察容器壁上的两条高低指示线来判断液面的高度。正常的液面高度应在两指示线之间。

二、蓄电池充满电及放完电的判断标准

通过测定铅酸蓄电池电压和电解液的密度,可判别它是否充满电和放完电。

1.铅酸蓄电池充满电的判断标准

(1)电解液的相对密度上升为 1.275～1.31。

（2）充电过程中单节电池电压变化：

①刚充电，电压即上升至2.1 V。

②随着充电时间的增长，电压缓慢增至2.3 V。

③继续充电几个小时后，电压升至2.6 V左右基本维持不变，说明此时电池已充满电。

（3）简便而直观的判断标准为充电时极板冒大量的气泡。

2. 铅酸蓄电池放完电的判断标准

（1）电解液的相对密度下降至1.13～1.18。

（2）放电过程中单节电池电压的变化：

①刚放电，压即降至1.95～2 V。

②随着放电时间的增加，电压缓缓降至1.9 V。

③继续放电，电压很快降至1.7～1.8 V，说明此时电池已放完电。

如果是对12 V或24 V的整块蓄电池电压进行测量，则应将前述电压值乘上6倍或12倍。使用了较长时间的蓄电池其参数达不到标准值，但至少要求其相对密度在充电前后的差值为0.1；否则无法正常使用。

3. 蓄电池电解液相对密度及电压测量

我们用比重计测量电解液相对密度；用万用表的直流电压挡（注意选取合适的量程及电压的正负极性）测量蓄电池的电压，测量时用表笔在接线桩上用力划一下，刺破氧化层，防止接触不良而影响测量结果。

（1）吸管式比重计的使用方法

将一定量的电解液吸入比重计内，使浮子处于吸管的中部，不能触及吸管的顶部、底部及玻璃壁，液面所在的刻度即为液体的相对密度。或根据浮子上的红、绿、黄三色标签，粗略判断相对密度的高低，红色区域为1.1～1.15，绿色区域为1.15～1.25，黄色区域为1.25～1.3。吸管式比重计的使用方法如图13-2所示。

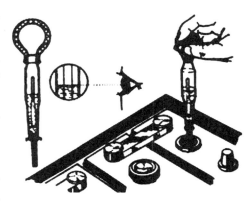

根据实际经验，电解液相对密度每减少0.01，相当于蓄电池放电6%，所以从测得的电解液相对密度，就可以粗略估算出蓄电池放电程度。需要注意的是，在大电流放电或刚加注蒸馏水的蓄电池，

图13-2 吸管式比重计的使用方法

不可立即测量电解液相对密度，因为此时电解液混合不均匀。

（2）高率放电计的使用方法

当蓄电池老化致使容量不足时，如果在刚充完电时测量它的电压，其实也可接近标准的电压值，但只要一经过放电，其电压就会迅速下降且难以再恢复。所以我们可以使用高率放电计测量蓄电池的放电电压，从而更准确地了解它的电量情况。

高率放电计使用前先清洁蓄电池接线桩上的氧化物。之后将它的两个叉尖，用力紧压在蓄电池正负极接线桩上，时间不超过5 s，观察蓄电池大电流放电时的端电压，如图13-3所示。

当测量电压值为12 V的表，且蓄电池额定容量小于60 A·h时，若蓄电池端电压能保持在11 V以上，说明蓄电池性能良好；若在9～11 V之间，说明蓄电池尚可使用，但存电一半左

图 13-3　高率放电计的使用

右;若小于 9.5 V,则说明蓄电池存电不足需充电。当蓄电池额定容量大于 60 A·h 时,若蓄电池电压能保持在 11.5 V 以上,说明蓄电池性能良好;若在 9.5~11.5 V 之间,说明蓄电池尚可使用;若小于 9.5 V,则说明蓄电池存电不足需充电。

高率放电计有测量值 12 V 和 1.5 V 两种,分别用于整块和单节蓄电池放电电压的测量。使用中应注意,图 13-3 中的 2 为电热丝,是放电的负载,使用中会发热,应防止烫伤;放电时间不可太长,防止损坏设备;由于电压表头指针是可以左右偏转的(中间为 0 刻度),测量的两脚没有正负极性的区别。

三、蓄电池的充电

蓄电池的充电按照使用阶段也可分成初充电与经常充电两种。首次投入使用前的充电为前者。初次充电的充电量比经常性充电要高一些。按照具体充电的方法则分为以下几类:

1. **恒压充电法**

恒压充电法充电过程中充电电压始终保持不变。这种方法装置简单、方法容易。用这种方法刚开始充电时,充电电流大,随着蓄电池电压的上升,充电电流逐渐减小,到充电后期电流很小,会使极板深处得不到很好的还原,电能储存不足。所以,这种方法充电时间较长。

2. **恒流充电法**

恒流充电法充电过程中充电电流始终保持不变。由于充电过程中电池电压逐渐升高,为保持充电电流不至于减小,充电电源的电压就必须不断提高。这种方法由于充电电流大,所以充电时间可以缩短。但在充电后期,充电电流仍不变,会造成电解液中的水分解,形成很多气泡,且可能损坏蓄电池。

3. **分段恒流充电法**

充电初期,蓄电池用较大电流充电。当蓄电池发出气泡,电压上升到 2.4 V 左右时(酸性蓄电池),第二阶段充电电流充电启用。这种方法充电较方便,既可缩短充电时间、节约电能,又可延长蓄电池使用寿命。

4. **浮充电法**

蓄电池直接和直流电网并联,电网向其负载供电的同时也向蓄电池进行充电。当外负荷

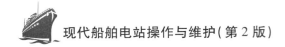

减小时,电网电压会略有升高,充电电流就会自动增加;反之,则自动减小。由于这种充电方法充电电流是浮动的,故称浮充电法。电网一旦因故失电,蓄电池可立即向用户供电。

浮充状态的蓄电池由于充放电都不完全,易造成极板硫化而影响容量,且蓄电池损坏后不易发现,所以过一段时间须进行一次充足-放光-再充足的保养。

5. 快速充电法

快速充电法就是在2~3 h内(甚至更短)将蓄电池充电充满的方法。这种方法是用大电流来充电的,因此蓄电池应处在冷却系统下充电;否则温度升高会导致极板弯曲而损坏。

目前远洋船舶充放电板大多配置的是恒压充电与浮充电相结合的设施。平时蓄电池处于浮充电状态,一般每3~6个月做一次恒压充电。若船舶电网发生跳电时间较长,则电网恢复供电后,应及时采用恒压充电。对于额定容量为195 A·h(或日本的200 A·h)蓄电池,恒压充电电压一般应调整在28.8 V(单个电池电压为2.4 V),充电24 h;浮充电电压调整在27 V(单个电池电压为2.25 V)。

下面举一个用分段恒流法对酸性蓄电池进行经常性充电的例子:

(1)第一阶段充电电流调整在1/10额定容量值上进行充电。

按第一阶段充电电流充电10 h左右,单个电池电压上升至2.4 V左右时(蓄电池可能会发出气泡),应转入第二阶段充电。

(2)第二阶段充电电流应调整在1/20额定容量值上进行充电。

按第二阶段充电电流充电3~5 h,单个电池电压上升至2.6 V左右,蓄电池发出气泡呈沸腾状。

(3)测量电解液的相对密度,一般低于1.25~1.26时须进行调整,使其达到1.285左右。

(4)再按第二阶段充电电流充电1 h,至此即完成了整个充电过程。

四、蓄电池维护保养要求

1. 对酸性蓄电池的维护保养要求

(1)每7天左右检查一次电压、电解液高度及相对密度,并做好记录。如果低于规定值,应及时补充蒸馏水,进行充电,然后清洁表面。

(2)不经常使用的蓄电池,每月至少检查一次,并进行补充电。

(3)蓄电池表面,每3个月进行一次彻底清洁,清洁时先用干净布擦除接头处的氧化物,然后再涂上牛油或凡士林防止氧化。

2. 对碱性蓄电池的维护保养要求

(1)每15天检查一次电压、电解液高度及相对密度,并做好记录。如低于规定值,应及时补充蒸馏水,进行充电,然后清洁表面。

(2)每2个月检查一次蓄电池螺丝塞和透气橡皮套管,若弹性失效应换新。

(3)每6个月要彻底清洁一次蓄电池的外表面,如有锈蚀,应用煤油擦光,再涂上一层无酸凡士林。

3. 蓄电池维护保养注意事项

(1)注意保持蓄电池表面清洁,不要有油渍污垢在上面,绝不允许在上面放置金属工具、物品,以防短路损坏蓄电池。

(2)保持极柱、夹头和铁质提手等处的清洁,如出现电腐蚀或氧化物等应及时擦拭干净,以保证导电的可靠性。平时应将这些零件表面涂上凡士林,防止锈蚀。

(3)平时注意盖好注液孔的上盖,以防船舶航行时电解液溢出,或海水进入蓄电池里。另外,必须保持通气孔畅通。

(4)蓄电池放电终了,应及时按要求进行充电。

(5)蓄电池室内严禁烟火。

(6)保持蓄电池室通风良好。

(7)碱性蓄电池充电时,不要取下气塞,以防进入大量碳酸气体,而使电解液失效。一般每年或使用过 50~100 次充电循环,应更换一次电解液。要注意保持排气胶管畅通,定期打开气塞排气,防止气体聚集太多而造成蓄电池膨胀。

五、蓄电池常见故障、处理方法及过充电

1. 蓄电池的常见故障及处理方法

蓄电池维护、使用不当会降低其使用寿命和容量,甚至会受到损坏。在使用蓄电池过程中,可以通过充放电情况,以及观察极板外观和容器底上是否有沉淀物,来判断蓄电池是否正常。鉴于船舶条件的限制,船员能在船处理的蓄电池的常见故障就是极板硫化。

当发现蓄电池充电时冒气泡过早,或刚开始通电就有气泡;充电时电压太高,放电时电压降落很快,而且电解液的相对密度低于正常值;正极板呈褐色还带白色时,说明极板已硫化。

硫化后的补救措施:

(1)如果充电不足,可采用过充电的方法来恢复活性物质。

(2)如果电解液相对密度过高,可加蒸馏水调整相对密度。

(3)如果电解液中含有杂质,则应清除杂质或更换电解液。

极板短路、极板弯曲、沉淀物过多、容器损坏等故障,通常采取更换新电瓶来解决。

2. 蓄电池的过充电与过充

蓄电池过充电与过充是两个截然不同的概念:过充电是修复蓄电池的一种方法,过充是蓄电池的一种故障现象。

蓄电池过充的现象是指过度充电,使电解液的温度过高,导致极板弯曲;同时因电解液沸腾使液面降低,使极板、隔板露出液面而损坏极板。

一般过充电可以用来修复蓄电池极板硫化。其方法是在正常充电之后,停止充电 1 h,再改用正常充电率的一半电流充电,至冒气泡后停止 1 h 后再充,如此反复进行,直到充电装置刚一合闸蓄电池就发出强烈气泡为止。

六、蓄电池房和充放电板

船用蓄电池大多安放在专门的蓄电池房中。由于蓄电池充电过程中会有可燃气体产生,所以该房间内的电气设备(如照明灯、开关、通风机等)采用防爆设计,不会产生电火花。

蓄电池的充放电板是船舶 24 V 直流通用供电系统的配电中心。蓄电池的充放电板如图 13-4 所示。该板主要给全船的应急直流照明灯、部分航行信号灯、部分通信导航设备、自动化及报警设备、船内通信设备、应急水密门等供电。该板可以通过开关或保险丝来进行配电(接通或断开设备的供电)。

蓄电池的充电也是充放电板的重要功能。目前,远洋船舶充放电板大多配置的是恒压充

图 13-4　蓄电池的充放电板

电与浮充电相结合的设施。充电机设有电压调节装置,可通过调整直流电源的变压器副边抽头匝数来手动调节充电电压。

七、碱性蓄电池简介

碱性蓄电池根据极板活性物质的材料不同,分为铁镍蓄电池、镉镍蓄电池、银锌蓄电池等系列。船上主要使用镉镍蓄电池。

镉镍蓄电池正极由氧化镍粉、石墨粉组成,石墨主要是用来增强导电性,不参与化学反应。负极由氧化镉粉和氧化铁粉组成。掺入氧化铁粉的目的是使氧化镉粉具有较高的扩散性,防止结块,并增强极板的容量。正负极上的这些活性物质分别包在穿孔钢带中,加压成型后成为正负极板。正负极板间是用耐碱的硬橡胶绝缘棍隔开。为了排灌电解液,蓄电池外盖上有一注液口,注液口拧以密闭式的气塞。该气塞能使蓄电池内部气体排出而防止外部气体进入,并能保证当蓄电池短时翻转时不流出电解液。

单节碱性蓄电池的电压一般为 1.25 V。

碱性蓄电池具有体积小、机械强度高、工作电压平稳、使用寿命长等特点,因此在远洋船舶上的应用日益广泛。

实 训 任 务

1. 判断铅酸蓄电池的充放电状态。
2. 判断铅酸蓄电池是否有硫化现象,若有硫化现象,进行过充电修复。
3. 进行蓄电池的维护保养。
4. 在做好防护措施的前提下,配制酸性蓄电池的电解液。

实 训 视 频

1. 铅酸蓄电池电压、相对密度测量

2. 铅酸蓄电池充电

第四篇
自动化电站的使用与管理

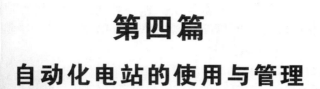

第14学习单元　船舶自动化电站设备的使用

本学习单元的基础理论知识和实操技能训练内容:

1. 船舶自动化电站的基本功能;
2. 船舶自动化电站设备的使用;
3. 船舶自动化电站的维护和基本故障处理;
4. 发电机并车及保护模块PPU的使用和操作。

　　船舶电站自动化是轮机自动化的重要组成部分,是实现无人机舱的必要条件之一。船舶现配备的电站自动化控制装置,主要有数字-模拟集成电路、微处理机(单板或单片机)、PLC及专用发电机并车及保护控制模块等几种类型。在20世纪90年代,PLC曾被广泛采用,而如今专用发电机并车及保护控制模块(如GPC、PPU等)由于使用方便、可靠性高、功能强大、价格适中、易于集成等优点而得到越来越广泛的应用。

　　众所周知,船舶电站是现代船舶的心脏,船舶电网失电会造成整船瘫痪。电站的可靠供电是全船所有设备正常运行的必要条件,电站可靠供电的保障则取决于电站的控制系统及发电机组、配电装置等方面。近年来,随着工控计算机和网络技术的迅速发展,现场总线控制系统(FCS)由于其开放性、互操作性好,控制系统分散分布、可靠性强,集成化、网络化程度高等优点,而成为21世纪控制系统的主流产品。在船舶自控方面,包括主机遥控、机舱集中监视报警、电站自动化等诸多方面,总线控制系统都得到了广泛应用。本书实例船舶的电站系统中的主配电板控制系统,就是由专用控制模块PPU单元和西门子PLC来共同进行控制的网络式系统;而应急配电板的控制系统,是由西门子PLC进行控制的。

一、现代船舶电站自动化系统的功能

(1)船舶发电机组控制模式(Local/Remote、MANU/AUTO)的选择

机组启/停控制方式有机旁、遥控和自动三种,并且优先权按排列顺序,前者优先于后者。机组在发生故障保护的情况下,会自行退出"AUTO"(即所谓"BLOCK"阻塞位)。只有在故障排除且"RESET"复位后,"BLOCK"状态才能解除。

(2)发电机组的自动启/停控制

机组启/停指令自动形成和转移,自动完成按顺序启/停机组和机组间的自动切换;能自动判断机组启/停所满足的条件,鉴别正常启/停、紧急启/停并按相应的逻辑程序启/停机组。

(3)发电机组停机状态下的自动预润滑、暖机和蓄电池充电,自动维持机组为"ready for start"随时可用状态。

(4)发电机组自动准同步并车控制

同步装置接到合闸指令,自动进入并车程序;升速/减速控制使待并机组频率高于电网频率的 0.1~0.5 Hz;再进行待并机与电网相位差的自动检测,当相位角差 $\delta<10°$ 时,计算并发出超前时间的合闸信号,使待并机投入电网运行。

(5)并联运行中有功功率的自动分配、转移与频率自动调整

在机组并联运行时,自动调频调载装置等控制器与原动机调速器配合工作,使电网频率维持恒定,偏差不超过 ±0.25 Hz,并使两台机组承担的有功功率按机组额定容量成比例分配。

(6)自动恒压及无功功率的自动分配

励磁自动调节装置维持电网电压稳定,误差不超过 $\pm2.5\% U_N$,同时自动调整并联运行发电机组间的无功负荷分配。但除少数系统外,该项功能一般不包含在自动电力管理系统 PMS 中。调压装置是由发电机制造厂家配套生产的,属于发电机的一部分,通常安装在发电机上,电子式励磁调节装置一般安装在发电机控制屏内。发电机制造厂家已保证发电机电压及并联运行时无功分配问题均得到令人满意的程度,通常无须再做进一步的自动调整。

(7)自动解列、自动停机

自动装置接到解列指令后,立即进入机组解列程序,首先卸载询问,此时若电网总负荷大于在网发电机的 $90\% P_N$,则自动取消解列指令;反之则进入负载转移程序。当负载转移到 $(3\%\sim10\%)P_N$ 范围时,延时约 1 min 发出分闸信号,解列成功。若在负载转移过程中,系统负载大于在网发电机的 $90\% P_N$,则自动取消解列指令,重新进入原来的调频调载工况。

(8)按系统负荷大小管理发电机组运行台数和能量优化控制。

(9)大功率负荷投入管理和重载询问

启动大负载时,应先询问电站功率裕量是否满足其用电和启动要求;若不满足,则应先启动备用发电机组并网后才允许启动该负载。

(10)自动分级卸载

当系统负载超过电网额定负荷时,按运行设备的重要性,分级卸载可分一次卸载、二次卸载等,卸掉次要负载。

(11)重要负载分级按顺序启动

当船舶电网失电后又获电时,为避免负载同时启动造成电流冲击,致使发电机 ACB 再次跳闸,自动电站能够对重要负载进行分级顺序启动,可按照在紧急状况下各负载的重要性排好

先后次序,并按其启动电流大小分组,然后按程序逐级启动。每两级启动之间的时间间隔为3~6 s。

　　(12)发电机组机、电故障的自动处理与报警。

　　(13)发电机组综合保护及故障预测、诊断。

　　(14)发电机组运行状态的显示、记录和打印。

　　(15)电站系统参数的监视与修改。

　　网络式自动化电站控制系统的每一功能单元都有相对独立性,由上位机控制系统协调各部分工作;当某部分出现故障时,仍可利用其他单元实现局部自动化或半自动化。

　　基于数字-模拟集成电路控制、微机控制、PLC 控制、单片机控制的船舶电站自动化系统形式多样,船舶的类型也有差异,但自动化电站各种功能的控制程序流程差别不大。

二、基于 DEIF PPM 和 PLC 的自动电力管理系统 PMS

　　网络化、模块化是现代船舶电站自动化系统的发展趋势。在现代化商船的自动电力管理系统 PMS 中,各种微机化的发电机并车及保护专用控制模块由于其价格低、使用可靠、便于集成等特点得到了广泛的应用。实例船舶电站自动化电站的 PMS 就是采用基于 DEIF PPM 和PLC 的现场总线网络控制系统 FCS。该 PMS 系统中使用了 3 台 DEIF PPM 300 控制器,此外还使用了 1 台施耐德 PLC。基于 PLC 和 DEIF PPM 300 的 PMS 如图 14-1 所示。

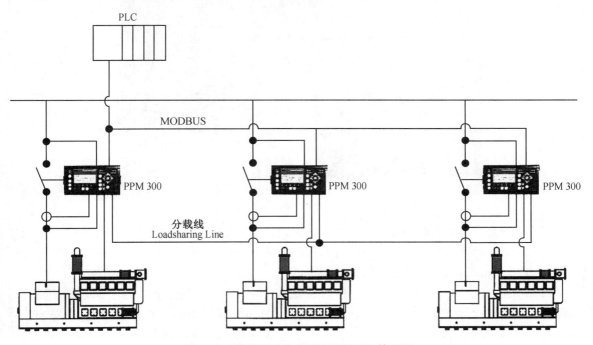

图 14-1　基于 PLC 和 DEIF PPM 300 的 PMS

　　在该系统的主电网中有 3 台柴油发电机组,每台机组配有一台 DEIF PPM 300 控制器,此外整个电站系统共用一台 PLC。它们的功能是:PPM 承担各自机组的并车、保护和负荷管理功能,PLC 完成整个电站系统的逻辑程序控制功能。3 台 PPM 及 PLC 通过串口通信或现场总线的形式进行数据的传递,便于一些复杂的综合控制的展开。

这种 PLC+PPM 的系统方案在现代船舶电站设计中很具竞争力,并得到广泛应用。每台发电机组配置了一个控制器,用于单台发电机组的自动控制,通过控制器的设置可使其适用于不同类型的发电机组,配置和控制策略也可各不相同。PMS 系统中与电站整体相关的功能采用 PLC 控制,通过 PLC 编程便于功能的二次开发,系统的开放性好、可靠性高、互换性强、安装费用低、维护也很方便;系统中带有 PPM 300 面板等 HMI 人机界面,便于电气设备管理人员了解电站设备的工作状态、进行参数调整;每套机组的控制器相对独立,若某一机组的控制器出现故障,不会影响其他机组的正常控制功能。

三、自动电力管理系统 PMS 自控功能的主要操作

1. PPM 300 保护和功率管理控制器简介

DEIF 公司近年推出了新型的保护和功率管理控制器 PPM 300,如图 14-2 所示。该设备基于"适用"理念打造,兼具船舶电站系统的各种控制、保护和监测功能,应用范围涵盖了柴油发电机(包括应急柴油发电机)、轴带发电机、岸电和汇流排联络开关的控制和保护,以及客户化的功率管理解决方案等。

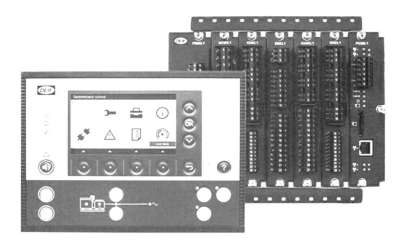

图 14-2　PPM 300 控制面板及主体部分

PPM 300 的基本功能主要包括:发动机保护,发电机保护(电流、电压、频率、功率),汇流排保护(电压、频率),发动机起停控制,自动同步与解列,负荷分配(基于以太网通信),客户化控制功能 Custom Logic,应用监测,仿真功能等。

PPM 300 可以控制和监测船舶电站系统的状态,保证其按设定的功率稳定运行。PPM 300 的原动柴油机控制可采用配电盘控制(PPM 300 不执行调节和控制功能,调速和调压的控制由外部设备执行,只保留保护功能)、半自动模式(调速、调压由 PPM 300 进行控制,并接受外部控制信号来控制起、停机及合、分闸)、自动模式(PPM 300 自动参与并执行功率管理系统的指令)。由于柴油机控制采用了燃油优化技术,使其运行更加节能环保。

控制器的显示单元采用一块 5 in、800×480 像素的彩色图形显示器,可设置中文界面,从而快速、直观地读取实时数据,并可轻松访问、处理报警和进行控制器的设置。PPM 300 可通过多达 4 级(Admin／Operator／Service／Designer)的用户权限级别来设置不同的权限和功能。

在网络通信方面,PPM 300 控制器配有 5 个 RJ45 端口,配有交换机功能,并能够自动识别连接设备类型。通过环网连接构成可靠性更高的冗余控制网络,当通信线路出现故障时,可以在 100 ms 之内完成切换。通过广播功能,可以将一台控制器中的参数、I/O 配置等通过网络通信广播至其他控制器,且广播内容及接受控制器均可进行选择,极大地方便了系统的设置和管理。

PPM 300 的模块化设计支持现场更换处理器、通信、测量和输入输出模块等。借助自动识别功能,可快速、轻松地进行运行维护、排故修理和系统升级。厂家还提供了 PC 机中运行的 PICUS 调试软件。

2. PPM 300 显示面板的使用

PPM 300 的显示面板,如图 14-3 所示可分为上下两部分,上部设有彩色的液晶显示器,与显示器配套的 8 个操作按键,消声及帮助信息键,另有数个指示灯;下部则是自动/半自动模式选择及半自动操作的 7 个按键及指示灯。其显示器可以显示图表或文本信息。

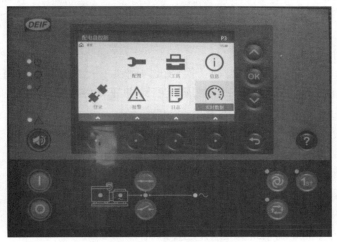

图 14-3　PM 300 的操作面板

3. 控制状态选择

将并车屏电站控制模式选择手动 MANU 或自动 PMS,之后在发电机控制屏的 PPM 300 面板上选择自动、半自动模式,并注意这两种模式的不同点:

在面板下部的发电机组控制部分,参看图 14-3,点击右侧第一排中的右侧按钮,选择全自动模式;点击右侧第二排按钮,选择半自动模式。

(1)在自动模式下:发电机能自动启动投入电网(自动并车,或直接合闸)。

(2)半自动模式下:手动启动柴油机后,按下左边蓝色按钮可实现并车。

在全自动模式下,有备用机顺序选择:进行备用发电机组自动启动顺序设置,在 PPM 300 面板上,自动模式选择开关后,有第一备用机选择按钮。

4. 半自动功能试验

在半自动模式下,进行发电机组的自动并车、均功调频和解列试验,点击 PPM 300 面板上的半自动并车、半自动解列按钮(面板下部的发电机组控制部分,中部上下的绿色和红色按钮)。

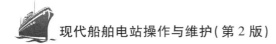

5. 自动(根据电站总负荷的发电机组自动增减机)功能试验

在自动模式下,通过负荷调整进行发电机组自动增减机测试。

6. 轻载抑制功能测试

如果不希望负载波动时自动频繁增减机,可以在发电机并联状态下将并车屏上轻载抑制(Light Load Inhibit)开关打开,则负载减小时也不会自动减机了。该功能可以防止电站总功率过小时自动进行减机操作,以减少负荷波动时的起停机操作。

7. 重载询问功能的测试

压载泵控制箱上的重载询问按钮及取消按钮、重载许可指示灯,并车屏上的轻载抑制选择开关(带蓝灯):在自动模式下(电站模式选择 PMS,在通过 PPM 300 面板选择自动模式),按下重载询问按钮,如果电站剩余负荷足够压载泵启动,则重载许可指示灯亮,该泵可以正常启动;如果剩余功率不足,则系统会自动启动第一备用发电机,并车均功后,重载许可指示灯亮,该泵才可启动。在重载询问过程中,可通过取消按钮取消询问。

8. 分级卸载测试

当发电机过载,能进行自动分级卸载(两级)。

9. 重要泵的自动切换测试

以 No.1 和 No.2 冷却海水泵的自动切换测试为例:将一台泵启动,并将两泵都设置在 auto 模式,其中 No.1 为运行泵,No.2 为备用泵,则运行泵非正常停机或出口低压后,备用泵会自动启动,之后未停机的故障泵会自动停机退出。

四、PPM 300 的参数查询和操作

在自动化电站设备的使用中,船员可以根据 PPM 300 显示器的指示,通过对显示面板的操作,查看系统的运行参数、状态和记录,并查询及修改系统中的一些设定参数和设定状态。当然,为保证系统的正常运行,参数和状态设定都设有密码保护。实际上,若设定的参数和状态被进行错误的修改,将造成系统无法正常运行。

下面介绍一下 PPM 300 设定参数和状态的查询和操作:

(1)显示发电机运行参数界面:在 PPM 显示屏的主页移动光标(屏幕下方 4 个键用于左右移动,上下移动按键在右侧,另有确认"OK"及返回按键)至实时参数图标,点确认即可进入该界面,通过上下移动按键可以选择多达 14 个的该台发电机实时运行参数显示页面。

(2)主页另有登录、配置、报警、日志等图标,均可点击进入对应的界面:

登录界面用于进入不同的操作级别用户,均需要输入密码。输入密码为普通的操作员级别,只能查询而不能修改参数;

配置界面中可以查询电站系统的参数设置情况,更高级别拥有参数及配置修改权限;

报警界面可以显示当前的报警信息,并可以进行报警的确认、复位操作;

日志界面记录了系统的一系列重要操作、报警等情况。

(3)下面以逆功率保护为例,介绍查询设定值及延时时间的方法:

我们知道该电站系统中,主配电板发电机控制屏不设逆功率继电器,该保护功能由 PPM 300 实现。

使用前述方法进入配置界面(图 14-4 左上),选择参数图标并进入;

参数界面(图 14-4 右上)显示参数列表,用上下移键选择发电机一行并进入;

在发电机参数界面(图 14-4 左下),选择列表中的功率保护,点击进入;

在功率保护界面(图 14-4 右下),有过载 1、2 和逆功率 1、2 四行,选择逆功率保护 1 级,即可看到动作值为 8%,延时时间 5 s。另有抑制选项,选 1(打开)则可以关闭逆功率保护功能。系统中还设有逆功率保护 2 级,动作值更大,延时时间更短。

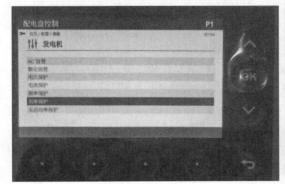
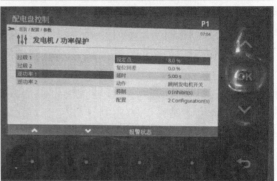

图 14-4　PPM 300 逆功率保护设置查询

五、自动化电站管理系统的维护管理和基本故障处理

从维护、管理角度来看,船舶电力自动管理系统 PMS 本身的维护工作量并不大,主要是管理好它,使它始终处于良好的、正常的工作状态。由于自动电力管理系统是安装于机舱集控室中的,这里的电磁干扰、温度、湿度、振动等环境条件都是有保障的,日常要做的检查工作主要有以下几条:

(1)检查系统的电源电压情况是否正常,在系统工作中多是由直流电源供电的,此外配有蓄电池供电作为后备电源,电源电压变化应不超过±5%。

(2)检查电压瞬态变化是否会引起控制系统误动作或损坏监控设备。

(3)每次开航前要检查设备的控制手柄、开关、报警装置及联锁装置等是否处于正常位置,检查指示灯和仪表的指示、报警器是否正常。

(4)对于 PLC 控制系统应检查 PLC 及其模块红色故障指示灯是否亮,若红灯亮则应更换相应模块;检查 PLC 上黄色备用锂电池灯是否亮,若黄灯亮应及时更换锂电池。锂电池更换时注意千万不要切断 PLC 的供电电源,否则 PLC 内控制程序将丢失而导致整个系统失去自动的功能。

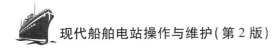

每 3~6 个月应进行下列功能检查：

（1）人工断电或负荷达到本装置整定值时,交叉试验各台发电机组能否正常投入工作;

（2）当功率大于整定值时试验各备用发电机组能否自动启动和自动并车投入电网运行;

（3）人为关闭启动空气阀或油门,进行启动试验;

（4）试验当滑油低压、淡水高温、柴油机超速等情况下,传感器能否可靠动作;

（5）人为短路滑油低压等传感器触点,试验柴油机能否可靠地保护停机;

（6）试验各监控报警装置能否按整定值正常工作。

应注意的是,在自动化电站控制板上的功能测试（Function Test）按钮可以进行系统报警和保护的测试,但是最好在停机状态下进行测试,并且测试的仅是报警和保护的信号处理功能,并没有测试传感器的功能,即测试的是模拟的报警和保护功能。

自动化电站系统的故障跳闸失电,除因短路保护导致外,其他情况系统均能自动处理。若为短路故障,其处理方法见第一篇相关内容。

随着计算机软、硬件技术,传感技术的发展,自动化系统的故障诊断功能越来越强大。其对自控过程中出现的各种物理量用先进的传感器接收,再进行信号传输和信号处理,从分析处理的结果来对设备的工作情况进行检测,对其发展趋势进行预测,并对故障进行诊断和报警。现代化的船舶自动化电站系统具有先进的故障自检和智能诊断系统,可以对系统中的传感及测量装置,控制模块,CPU 及软、硬件工况,总线网络中的通信节点等进行故障检测和报警。根据系统给出的故障提示,管理人员可以很方便地处理相关的故障。

当自动化电站系统的控制计算机由于软件原因造成故障时,可通过关闭电源再重启系统的方式进行修复。只要设备系统没有问题,重启将使计算机重新读取系统数据,恢复正常运行。应注意的是,由于自动化电站系统有直流和交流两路供电,在关闭系统时应先关交流电源,再关直流电源;启动系统时则相反,先合直流电源,再合交流电源。

实 训 任 务

1. 如何进行船舶电站的手动和自动控制模式之间的转换?

2. 船舶自动化电站的维护保养应包括哪些主要内容?

3. 在 PPM 300 操作面板上进行半自动-自动控制模式切换,并重新设置备用机顺序。

4. 在 PPM 300 操作面板上进行发电机逆功率保护设置的查询操作。

第 15 学习单元　自动化电站的操作和试验

本学习单元的基础理论知识和实操技能训练内容：

1. 船舶自动化电站主要功能控制流程；
2. 船舶自动化电站设备的设置和操作；
3. 船舶自动化电站的功能试验及测试。

无论是数字–模拟集成电路组成的、微机控制的还是 PLC 控制的船舶自动电力管理系统，形式虽然多样，但各种功能程序流程大致相差不大。这些控制流程的学习对于我们进行设备的功能测试、维护管理和故障排除是非常重要的。

一、发电柴油机启动前的准备工作

众所周知，作为非自动化的电站，处于备用状态的机组，随时都可能启动，中国船级社对自动化船舶的有关条文规定：船舶电网失电应在 45 s（国外一些船级社规定为 30 s）内恢复供电，因此对自动化电站来说，停机状态下的备用机组的准备工作应事先做好。准备工作主要是预润滑与预热。作为手动电站，发电柴油机启动前须先用手摇泵泵油；否则柴油机启动会因干摩擦而造成烧毁轴瓦等事故。作为自动化电站，备用机组是处在预润滑环境控制下，机组启动前的预润滑有电控制的，也有机（气动控制系统）控制的，电控制的又分成周期性的与非周期性的两种形式。

电控制的预润滑系统，大多是在每台机组外另配置一套电动预润滑油泵。现在某些柴油机生产厂家的产品本身就是自动化的发电柴油机，所以预润滑油泵在柴油机设计时已考虑进去，即在柴油机上带一个电动预润滑油泵，因此这样的发电柴油机结构相当紧凑。

1. 非周期性预润滑

对于非周期性预润滑，只要发电柴油机一停，预润滑油泵就开始打油，直至发电柴油机启动成功油泵才停止运行。这种方式从润滑角度讲是非常好，但作为预润滑油泵本身累计工作时间太长，对大多数船舶而言往往超过发电柴油机的运行时间，因此油泵的损耗较大，即增加了维护工作量及维修成本。

2. 周期性预润滑

对于周期性预润滑，发电柴油机停止运行后，预润滑油泵是：工作—停机—工作—停机，周而复始，直至发电柴油机启动成功，才切除预润滑系统。油泵工作被调整在一个较短时间，一般以不超过 5 min 为宜（实际有 2~3 min 已足够，建议整定在 2 min）；停机间隔可调整在较长时间，一般调整在 30 min 较为合适。间隔时间的长短主要取决于：进行一次预润滑后，滑油的油膜在发电柴油机内能保持多长时间而定。图 15-1 为周期性预润滑控制流程。

这种方式的好处是既能保证机组启动时有足够的滑油，又能降低预润滑油泵的损耗，大大减少了维护工作量及维修成本。按上述时间整定，每台预润滑油泵的累计工作时间（至船舶报废）对远洋船舶来说，大多在1年上下。

3. 一次注入式预润滑

非电控制的预润滑有一次注入式的预润滑系统，这是一种气动控制装置，是发电柴油机启动系统的一部分，如日本 YANMAR 发电柴油机的启动系统。这种方式在发电柴油机启动时，先通过一次注入式的预润滑系统泵油，后进行气动的启动。这种预润滑方式的效果显然不如电动预润滑，故近来建造的船舶大多已不再采用这种方式。

4. 预热

现代船舶电站，在停机状态下的发电柴油机的预热基本都是通过利用运行机组的冷却水（出口温度一般在70~80 ℃）的热量来进行预热的。由于发电柴油机冷却

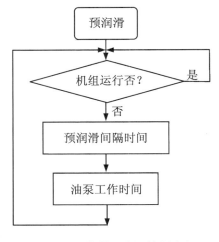

图15-1　周期性预润滑控制流程

水管路上的有关阀门都处在常开状态，所以备用机组的预热是自然而然进行的，不需加任何控制。此外还有采用电加热的方式进行预热的。有的船舶同时具备上述两种预热方式，平时通常采用运行机组的冷却水预热，当船舶处在坞修等场合下才采用电加热的方式进行预热。

二、发电柴油机自动启动控制

机组启动指令产生原因很多，可能是运行机组发生机电故障，也可能是电网负荷增加至运行机组处于重载状态等多种因素。

机组启动控制流程，无论是哪国、哪家公司的产品，无论是数字-模拟集成电路组成的控制系统，还是基于微机、PLC 的控制系统，作为控制流程均差不多，主要差别在于有的系统发电柴油机具有3次启动功能，有的只允许启动1次。

1. 启动控制流程

图15-2所示为具有3次启动功能的发电柴油机启动流程。

2. 流程说明

进行自动启动时，先判断机组可否启动。无论是哪个厂家的产品，机组能否启动至少具有下述3个必要条件：这台机组处在"自动"位；机组是好的；盘车棒（盘车齿轮）放在正确位置。"机组是好的"意思是这台机组在控制系统内没有被阻塞（Blocked），即机组上次无任何故障从电网解列下来；或者是因故障换机下来，这台机组在控制系统内被阻塞，但已修好，按下复位（Reset）按钮解除阻塞。此外作为具体运行中的系统，在此基础上还可加设一些启动条件，如可增加启动空气压力、燃油阀（或燃油压力）是否开启、调速器手柄是否在运行位置等一系列条件。

具有3次启动功能的系统，每次启动时间：用压缩空气启动的，一般调整在5 s；用蓄电池电启动的，一般为2 s。启动间隔时间通常都调整在5 s。只有1次启动的系统，给定启动时间大多调整在20 s。

机组启动成功与否的判定，是以在给定的每次启动时间内，机组转速是否超过了设定的点火转速，若超过则判定启动成功；否则就判定不成功。所谓点火转速，实质就是一个人为设定的为了鉴别机组启动成功与否的一个转速点。这个转速点应比柴油机实际发火转速区域略高

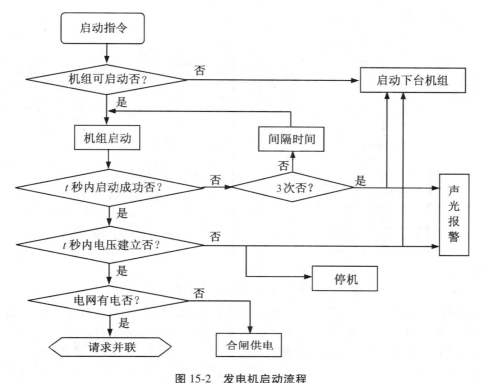

图 15-2　发电机启动流程

一点。一般机组实际发火转速区域在额定转速的 30%上下时,点火转速可设定 40%~50%为宜。

当判定机组已启动成功,无论机组每次给定启动时间是否到,均立即关闭启动电磁阀。由于机组启动成功时,发电机的电压还未建立,所以在控制系统里给予一定的时间用以建立电压。发电机电压大多是在接近额定转速时才开始建压的,若发电机无任何故障,可以说是在不到 1 s 内建立起来的,所以这个时间实质上是给予机组从点火转速升至额定转速的时间,不同的系统整定不完全相同,但通常至少给予 5 s 时间,有的系统设定为 20 s。电压是否建立的判定值一般可在额定电压的 85%~95%间设定。

三、自动并车

在自动并车这一功能的处理方案上,数字-模拟集成电路组成的控制系统与基于微机或 PLC 的控制系统,两者有本质上的差别。数字-模拟集成电路控制系统是通过模拟量电压信号来进行调频及产生合闸信号的;而基于微机或 PLC 的控制系统是充分利用了微机或 PLC 的计算能力,通过采集电压等参数的基本数据,按一定的算法经计算后得出调频及合闸指令的。

图 15-3、15-4、15-5 所示为微机或 PLC 控制系统中并车程序流程。

在微机或 PLC 控制的自动电力管理系统中,刚进入并车程序时,此时发电机的电压可能在 $85\%U_N$ 或略高一点,因此在并车程序中首先检测电压差是否在允许的范围内,若不是,则等待电压上升;另外启动一个由软件编制的 t 秒定时器。定时器定时时间一般在 30~60 s 间整定。ΔU 取 $5\%U_N$,主要考虑船级社对发电机的静态电压调整指标的要求,当然也可取较小值,如 $3\%U_N$。

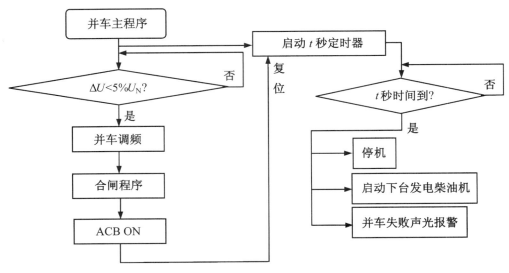

图 15-3　并车主程序流程

调频程序中首先采样待并发电机和电网的模拟量电压信号,然后相减得到频差 Δf。当频差在允许范围内,则进入合闸程序,否则进行调频。图 15-4 中频差允许范围为自动并车中最大的取值区域,实际系统有采取这样的取值范围的,也有采取更小的取值范围的,如上限可设定在 0.3 Hz,下限可设定在 0.15 Hz。取值范围大,则可加快并车时间;取值范围小,则并车的冲击相对要小些。

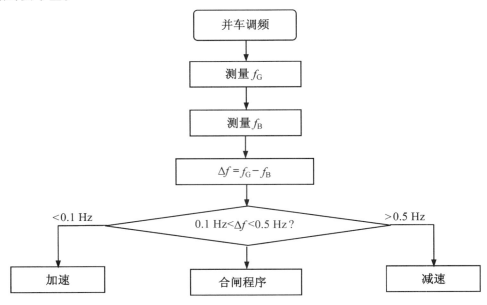

图 15-4　并车调频程序流程

合闸程序中同样首先采样待并发电机和电网的模拟量电压信号,计算出当前的频差,然后根据频差按一定的算法计算出待并机组到达同相点所需的时间,考虑到发电机主开关的动作时间 t_{ACB},所以合闸指令应该在同相点前 t_{ACB} 时刻发出。$t-t_{ACB}\leqslant 0$ 的实际意思是只有在先有

"＞0"的标志后,第一次出现"≤0"的时刻发合闸指令。因此合闸误差仅仅只有一个采样周期(或一个扫描周期)再加上主开关本身的每次实际动作时间与厂家给出的平均动作时间之差。

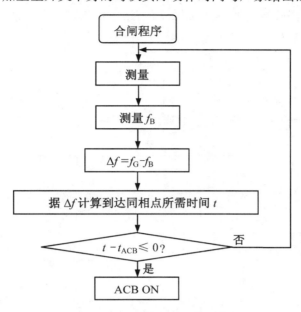

图 15-5　并车合闸程序流程

对于运算速度较慢的计算机控制系统,可以采用待并机与电网的差频电压作为判断同步的标准进行并车。

四、并联运行中的功率分配与频率的调整

单机运行时只有频率的二次调节,不存在功率分配问题,单机恒频精度一般控制在±0.1 Hz 以内;并联运行时,既有功率分配又有频率调整。对于大多数船舶电站而言,发电机组均为同规格、同型号的柴油机组,因此并联时采取均功、恒频调整法。图 15-6 所示为均功、恒频调整法控制程序流程。

图 15-6 中是按两台机组画出,其中单机调频程序是按电网与发电机间的频率差进行调整的。由图可知,该系统是按频差、功差的综合信号进行调整的。图 15-6 中 A 值的大小决定了系统调节精度,应适当选定,一般按并联时频差小于±0.2 Hz、功差小于±5%(也可设定在±3%)以内的标准来设定。功差 ΔP 信号,是发电机实际输出功率与应该承担的平均功率间的差。平均功率的获得,有的系统是采取测量每一台机组实际输出功率,然后加起来得到电网的总功率,再除以并联机组的台数得到平均功率值;有的是由硬件电路实现的。

五、运行机组台数的管理

我们希望船舶电站在保证供电质量的情况下,应处在最经济的管理模式下运行,运行发电机组的类别及运行台数的管理就是在这一指导思想下产生的。

1. 仅有柴油发电机组的船舶电站

运行机组台数的管理,大致有两种方式。

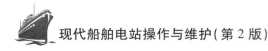

（1）按每台发电机组的最大负荷率为一定值的方式管理

在这种管理方式中,增机时,最大负荷率 k 一般取 $0.8\sim0.85$。船舶电网功率因数较高者取较大值;若电网功率因数特别低,则负荷率 k 只能取 0.75 甚至更低的值。当然,功率因数特别高,负荷率 k 可以取到 0.9。

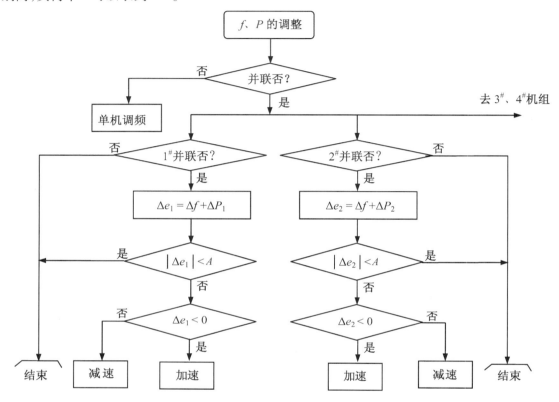

图 15-6　均功、恒频调整法控制程序流程

减机时负荷率应比增机负荷率小,大致小 $0.05\sim0.1$。确切值需由船舶实际负荷来确定,其原则是,若原来单机运行,因增加某一较大负荷后引起增机并联运行,当该负荷停止运行后,应能确保会产生自动减机指令。图 15-7 所示为按最大负荷率为一定值的方式进行管理的发电机组运行状态图。该图表示的是增机负荷率取 0.8,减机负荷率取 0.7 的运行状态图。

这种管理模式在需要并联运行机组的台数小于 3 台的情况下是较为经济的。

（2）按电站功率余量为一定值的方式管理

电站功率余量是指电网上运行机组应能发出的所有功率值与当前电网上总负荷功率之差。设定的增机功率余量数值是按电站装机数量及需最多并联机组的台数而定的。一般在仅需 2 台机组并联时,可设定在 0.2 左右;需 3、4 台机组并联时,可设定在 0.3 左右。减机功率余量比增机功率余量略大些,一般取比增机大 $0.1\sim0.2$。

可见,在这种管理模式中,需长时间并联运行机组台数越多越经济;否则就不太经济。

2. 最佳负荷分配法

（1）最佳负荷分配原理

在装有废气透平发电机组、轴带发电机组及柴油发电机组的船舶电站,在并联运行时负荷

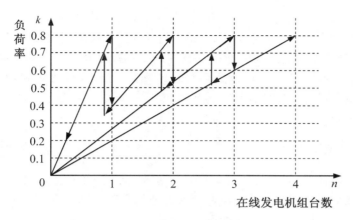

图 15-7　发电机组运行状态图

的分配若仍采用传统的比例分配法显然是不经济的。为了充分利用不消耗能量的透平机组及仅消耗廉价能量的轴带发电机组,负荷的分配采用一种被称为最佳负荷分配的方法,这种方法的发电机组运行状态如图 15-8 所示。

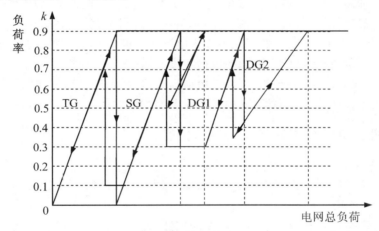

图 15-8　按最佳负荷分配发电机组运行状态图

为方便起见,图 15-8 是按船舶航行期间以透平发电机组 TG、轴带发电机 SG、柴油发电机组 DG 的额定功率均相同且均能输出 100%额定功率画出的。考虑到柴油机在低负荷运行时(一般 30%额定负荷以下),雾化不良、燃烧效率低、油头容易积炭等因素,因此柴油机组一旦并上网运行,就给 DG 加上 30%的最小负荷。另外 SG 也设有最小负荷限值,这是为了防止在 TG 与 SG 并联运行中随着电网负荷减少,SG 出现逆功率而设。该运行状态图是按增机负荷率为 0.9,DG 减机负荷率为 0.7 方式管理的。

（2）发电机组增机及减机的控制过程

发电机组增机管理:

航行期间,由不消耗能量的透平发电机组 TG 向船舶电网供电;当 TG 供电不足时,即 TG 的负荷率达到 0.9(也可设定 0.95)时,启动轴带发电机 SG 投入电网并联运行,随着电网负荷的增加,TG 仍运行在 0.9 的负荷率下,电网上负荷的增加量由 SG 来承担;当 TG 与 SG 并联供电仍发生不足时,即 TG、SG 的负荷率均达到 0.9 时,启动一台柴油发电机组 DG1 并入电网供电,DG1 并入电网后,立即承担 30% 最低负荷,此时 SG 的负荷率从 0.9 下降至 0.6,随着电网负荷的增加,TG 仍保持 0.9 的负荷率,DG1 也保持 0.3 的负荷率,负荷的增加由 SG 来承担,直至 SG 的负荷率又达到 0.9,之后 SG 保持在 0.9 的负荷率下运行,电网负荷的增加量由 DG1 来承担;当 TG、SG、DG1 的负荷率均达到 0.9 时,启动第二台柴油发电机组 DG2 并入电网供电,两台柴油发电机组间仍采用比例负荷分配方案。

减机管理请读者自行分析。

六、大功率负荷投入管理

大功率负荷投入管理,即大负荷启动前的自动增机操作,在有些船舶的自动化电站系统中则设置类似的重载询问功能。大功率负荷投入管理的实现较为简单,只需在发电机运行机组台数的管理程序基础上增加几条指令即可。

列入大功率负荷管理的负荷,是指在任何船舶工况下偶然使用的大功率负荷。对散装船、杂货船而言,压载泵、消防泵之类即为大功率负荷。

当在大功率负荷启动箱上按下启动按钮,这一启动信号不是送入控制箱内控制电路,而是送至自动电力管理系统,管理系统将当前电网总负荷加上准备投入运行的大功率负荷进行计算,若不超过运行机组的最大负荷率,则大功率负荷立即启动;若已超过运行机组的最大负荷率,则首先启动备用发电机组,待备用机组投入电网运行且负荷分配好了后,才由管理系统发出启动这一大功率负荷指令,此后大功率负荷才投入运行。

对于某些具有特大负荷的船舶,当特大负荷请求启动时,还会产生增加两台备用机组的指令。如工程船舶上某些特大功率设备,集装箱船上的侧推器等。

七、发电机组机电故障的自动处理与报警

1.故障处理

自动电力管理系统对于运行中发生的机电故障通常均能自动处理,以尽可能确保电网的连续供电。

为了机组的安全运行和尽可能保持供电的连续,通常系统从大的方面说具有下述 4 种故障处理模式与按负荷大小来管理运行机组的台数和大功率负荷投入管理及分级卸载等功能。

故障处理模式:

模式 1 当发生会危害机组但尚不太严重的机电故障时,首先启动备用机组投入电网并报警,然后解列故障机组。

模式 2 当发生危害机组的严重机电故障时,立即跳闸、停机、报警,同时启动备用机组投入电网。

模式 3 当发生不会危害机组的普通不正常现象,仅做报警处理。

模式 4 当发生短路至 ACB 跳闸时,机组即从"自动"位自动转入"手动"位且报警停机处理;或跳闸停机,同时启动备用发电机组合闸供电,若备用机组 ACB 合不上(合上即跳),系统立即从"自动"位转入"手动"位,报警停机处理。

表 15-1 为实例船舶自动化电站系统所设各类故障及其处理模式。

有的系统资料只说有两种故障处理模式,即上述模式 1、2,对模式 4 则将它归入发电机保护方面,对模式 3 有的归入到机舱集中监测报警系统中。实际上一个完善的电力管理系统均

具有上述四种故障处理模式。

表 15-1　发电机组机电故障的处理模式

故障名称	模式 1	模式 2	模式 3	模式 4	备　注
滑油压力低		●			并联运行时可能会发生分级卸载
冷却水压低	●				
冷却水温高	●				
超速		●			
逆功率		●			并联运行时可能会发生分级卸载
启动失败	●				
建压失败	●				
主开关合闸失败	●				
主开关跳闸失败			●		
失压 $U<0.75U_e$		●			
短路 $I>2I_e$				●	
过流 $I>1.2I_e$	●				启动备用机组并网,不解列值班机
欠频 $f<0.95f_e$	●				
过载 $P>0.95P_e$	●				启动备用机组并网,不解列值班机
电压偏离			●		
三相电流不平衡			●		
并车失败	●				
无机可用			●		

2. 负载自动分级重合闸

为尽可能保持供电的连续性,除在故障及负荷增加时自动启动备用机组外,一般还设有自动分级卸载(优先脱扣,Preference Trip)功能,即在过载等故障时,先通过负载自动开关脱扣来切除部分次要负载,以减小电站的总负荷。

对于具有自动电力管理系统的船舶电站,因具有功率管理功能,通常不会发生分级卸载,但当发生诸如并联运行期间某台机组出现滑油失压或燃油调速系统故障引发逆功率保护跳闸时,系统仍会发生分级卸载。当备用机组投入电网运行后,已卸去的次要负荷不能同时投入,应分级、分批地投入。早期的自动电力管理系统带有负载自动分级重合闸功能,现代自动化船舶机舱具有一个新的机舱泵浦管理系统,因此这一功能就由机舱泵浦管理系统来承担了。

八、发电机组自动停机、故障状态下解列控制

发电机组停机可分成自动停机与故障应急停机。所谓自动停机,就是并联运行时,随着电网负荷的减少而产生的自动减机指令。

1. 自动停机

在有值班机组自动管理功能的系统,在非值班机组上产生自动减机指令,在给定的时间内(一般不大于 60 s)执行负荷转移操作,就是被解列机组减负荷,留网值班机组加负荷,直至被解列机组的剩余功率小于 5% 额定功率时,主开关跳闸;若给定时间到,负荷未能减至 5%,主开关也跳闸。作为正常停机,主开关跳闸后,柴油机须空转 10~20 min 后才执行停机操作。

2. 故障停机

故障停机可分成发生严重故障与不太严重故障两种处理方式。严重故障发生后,处理方

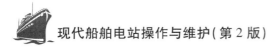

案是立即跳闸停机;不太严重故障发生后,处理方案基本类同于自动停机,就是待备用机组投入电网并联运行后,故障机组立即执行负荷转移操作,待剩余功率小于5%时故障机组主开关跳闸。有的系统 ACB 跳闸后即执行停机操作,有的系统待柴油机空转 10~20 min 后再执行停机操作。停机程序流程见图 15-9。

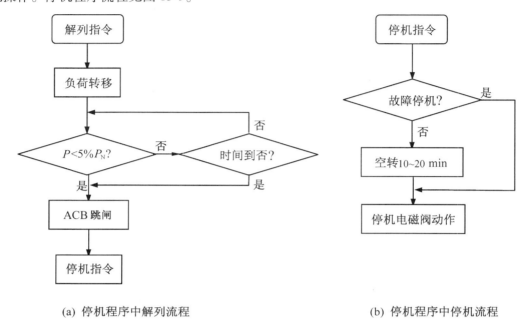

(a) 停机程序中解列流程　　　　　　　　　　(b) 停机程序中停机流程

图 15-9　停机程序流程

九、发电机的保护

安全保护是系统自动化的一个重要组成部分,对自动化电站而言,安全保护就是指对发电机组的保护。作为一个基本电站系统,按规范要求本身已就发电机过载、短路、欠压、逆功率等故障对发电机设置了保护装置,但为了进一步提高供电品质与尽量保持电网连续供电,在自动化电站系统中,同样设有过载、短路、欠压、逆功率保护,即对船级社强制规定的这四项保护作了双重保护,使发电机运行得更安全。除此以外往往还设有欠频保护、高压保护、次要负荷的分级卸载等保护措施。

对于欠频保护,有的系统是按发生不太严重机电故障的处理方式处理的;有的系统启动备用发电机组,启动成功、电压建立后,故障机组跳闸,备用机组立即合闸;有的系统将欠频分成二级,发生欠频1,启动备用发电机组投入电网运行,然后解列欠频机组,运行机组频率继续下降至发生欠频2(因欠频1已经发生,故备用机组已开始启动),故障机立即跳闸,待备用机组启动成功、电压建立后合闸供电。

通常发电机组电压大幅升高的可能性较小,但对于可控相复励调压装置来说,当电压校正器出现故障时会引起电压大幅升高,此时配电板上电压表指针已处在最大位置,实际电压比指示电压还要高得多。自动电力管理系统对电压高的处理方案,有的因发电机的调压装置不是可控相复励系统,故仅设置电压偏高报警处理方式;对于可控相复励调压装置的系统,除设置电压偏高报警外,还应设置当发生电压大幅升高时做严重机电故障处理。

十、运行状态显示及故障监视

显示方式大致有指示灯显示、数码显示、小屏幕液晶显示、CRT 显示及电子触摸屏显示等几种形式。

指示灯,早期采用指示灯泡,现在采用发光二极管。这种显示方式的好处是清晰明了,可同时显示各种各样的信息状态,其缺点是占用地方较大。作为一种经典显示方式,即使现在采用 CRT 或电子触摸屏显示方式的系统,大多也保留有指示灯显示(采用小型发光二极管)。

数码显示,大多在 20 世纪 70 年代后期和 20 世纪 80 年代初建造的船舶上有一定的应用。由于这种方式使用起来很不方便,而且一次只能显示一条信息,故在以后建造的船舶中很难见到。

小屏幕液晶显示方式主要应用在微机控制的自动电力管理系统上,通常与操作键盘组装在一起。通过键盘操作,在小屏幕液晶显示屏上可显示发电机组、电网的各种电气参数,也可对某些参数进行设定。

CRT 显示方式,在微机或 PLC 控制的船舶电力自动管理系统中有一定的应用,但基本上是厂家作为选择性的配置。由于 CRT 的屏幕大,故可以同时显示各种各样的信息,通过软件编程,在屏幕上还可以画出主配电板、发电机组、主开关等电器元件的状况,使船员监控时能更清晰、更直观地了解电站工况。

凡是 CRT 显示方式能做到的,电子触摸屏一般大多都能做到。此外通过软件编程,还可在触摸屏上画出开关、按钮等指令电器,即电子触摸屏不但有显示功能,而且有操作功能。电子触摸屏在船舶机舱已有一定应用,目前主要应用在机舱泵浦管理系统及压载水控制系统等处。

十一、运行中系统给定参数的监视与修改

运行中系统给定参数的监视与修改,真正能做到的是由微机、PLC 或专用控制模块(如 PPU)控制的自动电力管理系统。

微机控制的系统一般只能做到系统参数的在线监视及离线修改。PLC 控制的系统真正能做到系统参数的在线监视与在线修改,这是由于 PLC 将设计编制的控制程序及各种信息参数均存放在随机存取存储器 RAM 中,所以很方便在线修改。设备使用者可以监视、修改设计者给定的某些参数,但控制程序大多是改不了的。前述的 PPU 单元,也可做到系统参数的在线监视与在线修改。

十二、船舶自动化电站设备的设置和操作

自动化电站设备是为无人机舱设计开发的,故在正常运行中或一般故障处理中均可以自动进行,无须人员进行操作。当设备故障时,系统在自动处理的同时,一般会通过机舱集中监视报警系统给出报警信号,以提醒值班人员。部分特殊故障,如发电机短路跳闸,系统无法自动处理,此时自动化功能被闭锁,系统只能给出报警信号,其处理方法前面已经讲过,这里就不再重复了。

为保证自动化电站设备的正常运行,应对系统进行正确的设置。前述的电站系统手动转自动切换过程,就是自动化电站投入运行前的设置过程。

在有些系统中,若发电机的自动启动条件不满足,则该发电机组无法设置在备用状态上。

十三、船舶自动化电站设备的功能试验及测试

为保证自动化电站的正常工作,应定期对其保护及自动控制功能进行试验和测试。测试一般应在船舶总负荷较小且稳定,并且不是在航行、装卸货等重要操作时进行。例如,进行电站系统的机组自动启动、并车和解列、停车试验时,先将系统设于自动控制模式并确保备用机组正常,之后缓慢而平稳地增加电网总负荷,使系统发出增机指令,第一备用机组自动启动、并车、均功调频后并联运行;再缓慢而平稳地降低电网总负荷,使系统发出减机指令,并联机组中的待解列机组会自动转移负荷,解列后停止运行。由于增减机控制都设有较长的延时,故增减负荷时一定要缓慢,并注意其实际动作值的情况。

在发电机过载保护中的分级卸载功能比较特殊,因为它切断的是次要负载的开关,而非发电机主开关。另外应注意的是,发电机的保护多是采用自动化电站设备和常规电站设备的双重保护,而前者应该是先动作的。进行分级卸载测试时,同样应选择船舶非进行重要操作时,缓慢加大电网负荷,至次要负载脱扣,注意实际的动作值。保护动作之后,声光报警会响起,进行消声、消闪操作。之后一般需要对系统进行复位,解除故障状态,并再扣负载开关,系统才能再次正常工作。

实训任务

1. 根据发电柴油机组自动启动的控制流程,判断启动失败的原因并排除故障。
2. 进行自动化电站系统的大负荷投入运行管理或重载询问操作。
3. 设置自动化电站系统备用发电机组的启动顺序。
4. 进行自动化电站的机组自动启动、并车和解列、停机操作。
5. 进行分级卸载功能的测试。

第五篇
船舶高压电力系统的操作与维护

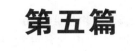

第16学习单元　船舶高压电力系统的操作与维护

本学习单元的基础理论知识和实操技能训练内容：

1. 船舶高压电力系统的组成；
2. 船舶高压开关柜的安全操作维护及"五防"措施；
3. 船舶高压发电机检修的注意事项。

目前国内外建造的船舶大多数是 440 V 或 380 V 低压交流电力系统，但随着船舶用电量的增加，发电机容量也不断增加，特别是在一些特种工程作业、电力推进（Electric Propulsion）等船舶上已经装备了一些特大功率用电设备，为降低电路的电流值而须提高其电压值，所以高压电开始进入船舶电力系统和供配电装置领域，而且发展前景良好。这其中较常见的船舶高压电气设备主要有：一些大型集装箱船舶侧推器的高压电动机、变频控制装置和配电网络；电力推进船舶的高压发电、配电、用电设备和网络；一些工程船舶上的大功率设备等。

船舶采用的高压电力系统，其电压实为中压（Medium Voltage）等级，额定电压通常大于 1 000 V 但小于 10 000 V。对于额定频率为 60 Hz 的电力系统，电压的额定值有 2.3 kV、4.16 kV、6.6 kV 等级；而对于额定频率为 50 Hz 的电力系统，电压的额定值有 3.3 kV、6.0 kV、10 kV 等级。

一、高压电力系统的组成

由于在采用高压电力系统的船舶上，除了大功率的高压用电负荷以外，还有数目众多的低压（Low Voltage）用电负荷，如各类辅机、日常生活用电设备等，所以该船的电力系统中必须包括高、低压两个供电系统，而后者还应能提供低压动力和低压照明两个相对独立的供电网络。高压电力系统的船舶上配有大功率的高压发电机，当其工作时，低压电源可通过电源变换装置获得;高压发电机停止工作时,可开启辅助的低压发电机向低压系统供电。此外,系统中还设有低压的应急发电机。图16-1为船舶高压电力系统的单线原理图,其电网由三个层次组成:一是高压主系统;二是辅助低压电力系统;三是应急低压电力系统。高压主系统的负载包括:作为主动力的船舶推进电动机、船舶侧推器、部分大功率辅机等,当然还包括获取低压电的电源变换装置,如高压/低压主变压器或旋转变流器(Rotary Converter);低压辅助电力系统的负载包括在低压电力系统船舶上由主配电板供电的各种设备;应急低压电力系统的负载包括在低压电力系统船舶上由应急配电板供电的各种设备。在上面的两个低压系统中,各有一个照明变压器以获得照明低压电;两个低压系统之间的关系与低压电力系统的船舶是相同的。

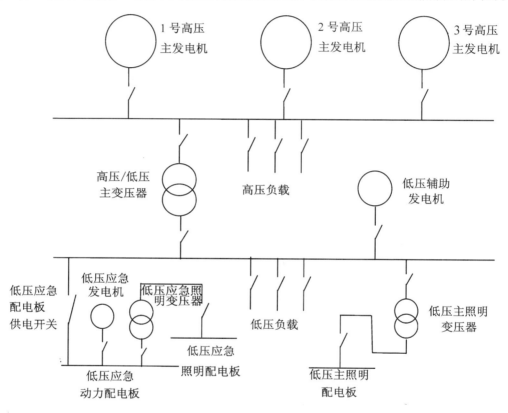

图 16-1　船舶高压电力系统的单线原理图

采用高压电力系统后,船舶电网的中性点接地方式、变压器、高压开关柜(见图16-2)、配电系统、继电保护、绝缘设计、电气设备、电缆和隔离等都有了和低压电力系统不同的设计原则,操作上也有着不同的规程。

二、高压电力系统的隔离开关和接地开关

电工材料的绝缘是相对的,当电压足够高时,绝缘体就会被击穿。在中高压电力系统,操作人员即使没有直接接触带电部分 (Live Part),如果不慎距带电部分过近,小于规定的安全操作距离(Safety Distance)时,也可能由于绝缘击穿而受到严重的触电伤害。因此,高压电气设备,例如变压器、电压互感器、电流互感器、断路器都安装在完全封闭的开关柜中;且输电电缆采用绝缘性能极高的材料特制。同时,在电力系统的设计中也安装了必要的隔离开关和接

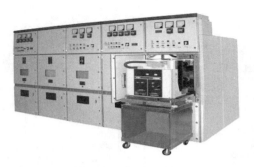

图 16-2 高压开关柜

地开关,以保证操作人员的安全。

高压电力系统在高压发电机、主开关、变压器、变流机组等高压电路与高压汇流排之间串联了隔离开关。隔离开关是具有可见断开点的开关,但是没有灭弧装置,因此不能带负荷分合闸,在使用中,分断电路时应先切断断路器,再断开隔离开关;接通电路时则应先合上隔离开关,再合断路器。有时隔离开关与断路器有机械或者电气的连锁保护。

另外,为了确保维修人员正在接触的线路无电,在高压供配电线路上还安装了多处接地开关。接地开关(三相)的一端与母线(Bus Bar)相连,另一端与接地点可靠相连,与隔离开关相同,接地开关也没有灭弧装置,不可以带负载分合闸。在停电维修某一段线路和设备时,合上相应的接地开关,能保证被维修线路和设备可靠地接地,防止电路上电荷积累,或者在断路器意外合闸时,由于线路三相接地,短路电流会使断路器立刻跳闸,以此达到保护工作人员的目的。

三、船舶高压开关柜的安全操作及"五防"措施

高压断路器(或称高压开关)不仅可以切断或闭合高压电路中的空载电流和负荷电流,而且当系统发生故障时将通过继电器保护装置的作用,切断过负荷电流和短路电流,它具有相当完善的灭弧结构和足够的断流能力,可分为:真空断路器(图 16-3、图 16-4)、油断路器(多油断路器、少油断路器)、六氟化硫断路器(SF_6 断路器)、压缩空气断路器等。

图 16-3 ZN 系列高压真空断路器

船用高压开关设备需要满足船级社规范,另外还有引用的 IEC 标准。针对 IEC 标准的内容,船用高压开关柜需设置成每台开关设备包括主开关室、电缆室和母线室这三个高压隔室。每台开关柜还包括一个低压室,所有二次元件、二次电缆等都装在低压室内。各功能隔室之间通过金属隔板和活门相互隔离。如有需要,开关柜上还可装设泄压通道,用于在产生内部燃弧

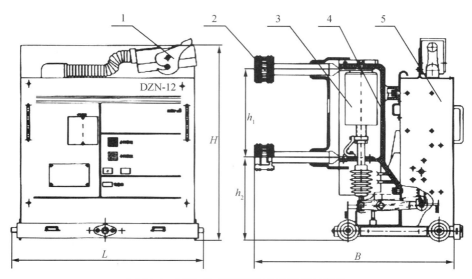

图 16-4 DZN-12 型高压真空断路器的结构

1—二次插头;2—一次插头;3—真空灭弧室;4—绝缘支架;5—操作机构

时,泄放燃弧气体。此外高压开关柜每屏仅设一条主线路。

图 16-5 所示为某船 6.3 kV 高压开关柜的结构。

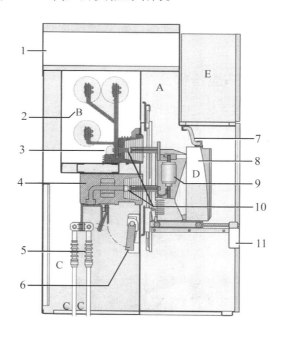

图 16-5 某船高压开关柜的结构

A—主开关室;B—母线室;C—电缆室;D—手车式 VCB;E—低压室;1—压力释放通道;2—母线;3—绝缘
子;4—电流互感器;5—电缆连接;6—接地开关;7—低压插座;8—VCB 操作及联锁;9—真空灭弧室;10—
动静触头;11—接地开关操作及联锁

其依据 IEC 的标准包括:额定电压 7.2 kV,工作电压 6.3 kV,额定短时耐受电压 20 kV,
雷电冲击耐受电压 20 kV,额定断路电流 25 kA,额定峰值耐受电流 63 kA,额定母排电流

1 250 A,45 ℃时母排容许电流 1 135 A(50 Hz),其辅助电压为 24 V DC,冷却方法为自然空冷,最高环境温度为 45 ℃,防护等级标准 IP41,母排分段且为铜排,电力电缆底部进线且每相最多 4 芯,采用免维护真空断路器。

图 16-6 为高压开关柜发电机屏(进线侧)的单线图。

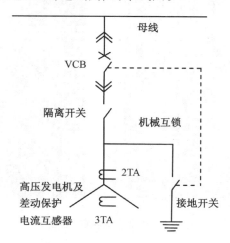

图 16-6　高压开关柜发电机屏(进线侧)单线图

1. 发电机屏

发电机屏包含主发电机的保护和监视装置,控制和监视装置安装在发电机屏的正面。高压主断路器为抽出式(手车式)真空断路器,安装在发电机屏的中部,断路器配备电动储能合闸机构用于遥控操作,还配备应急手动储能装置。电缆连接隔室位于发电机屏的下部。输出回路配备接地开关进行接地保护。每相配备 3 个电流互感器的绕组,其中一组用于测量,另两组(2TA、3TA)用于差动保护;每相配备电压互感器;互感器安装在电缆连接隔室,用于运行数据的测量。发电机的保护、监测与控制装置(VAMP 52/VAMP 265)集成在低压隔室内,该多功能电子保护继电器的控制/操作面板上配备软触摸键,用于显示系统的主要运行参数和故障。发电机屏配备的控制与监视设备有:运行数据仪表,显示每相电压、每相电流、功率因数等;状态指示(包括手车式断路器合/分闸状态指示及连接位/试验位指示)及报警灯;合闸/分闸操作开关;故障测试按钮等。

2. 负载屏

负载屏又称馈电屏,通过断路器将母线的高压电送至负载。可以把与供电负载相关的控制、保护和监视装置安装在馈电屏的低压隔室内。另外与发电机屏类似,其面板上同样设置有控制与监视设备。

高压开关柜前、后面板如图 16-7 所示,为增强柜体结构,柜门均采用 M10 螺钉进行固定,门体采用双折边加密封条,并增加了门铰链的螺栓数,观察窗也采用了钢化防爆玻璃。

高压配电系统(配电板,一般称为高压开关柜)和低压配电系统有着本质不同:每屏仅允许一条线路,结构之间有隔离的开关室、电缆室和低压室等。任何打开屏门的检查操作均须严格执行安全接地放电程序,否则由于防护措施,任何一个屏门均无法打开。在高压配电板的整个操作、检查过程中,必须有两个具有一定资质和经验的专业人员在场:一个人实施具体操作,一个人作为监督人,监督操作的正确性和完整性,发现问题及时提出并有效制止。

图 16-7　高压开关柜前、后面板

　　高压开关柜的停送电操作顺序应特别注意。停电时,先停断路器,再停线路侧隔离开关,后停母线侧隔离开关;送电时顺序相反。

　　高压开关柜的"五防"措施是为了防止误操作而设计的,主要是:①防止误拉、合断路器;②防止带负荷拉、合隔离开关;③防止带电挂接地线或合接地闸刀;④防止带地线合闸;⑤防止误入带电间隔。

四、船舶高压发电机检修的注意事项

　　由于与传统低压发电机的区别,在高压发电机的管理和检修中,应注意以下几个方面:

　　(1)严格的接地放电程序

　　由于定子绕组或励磁绕组的残余电场会释放出大量电荷,安全隐患极大。所以,停机维护保养定子绕组或励磁绕组前,必须严格执行接地放电程序,确认接地可靠、充分放电后,才能开始检修。

　　(2)注意发电机的绝缘

　　高压发电机电枢电压高,温升大,绝缘要求高,定期测量和保持绕组绝缘极为重要,对于6 600 V 系统,应定期用 10 000 V 的吉欧表测量系统绝缘。检修中应注意防止损坏绝缘。

　　(3)注意漏水报警装置

　　高压发电机多采用水冷形式的空气冷却器。其冷却后的空气再去冷却电枢绕组(图 16-8)。冷却器设置在发电机顶部,一旦冷却水漏出进入绕组则后果不堪设想。因此在设计上,系统中增加了漏水监测报警装置,即使轻微的漏水也能及时报警。在发电机检修中,应进行漏水报警的实效检验,并将其编入船舶设备检查周期表并严格执行;及时发现和排除异常,保证其工作正常。

图 16-8　水冷式高压发电机

（4）检修完毕严格执行恢复程序

检修完毕，也必须严格执行恢复程序。按照正确顺序恢复各开关、设备的状态，做好运行的准备。检修完毕恢复程序出错也有过酿成重大事故的案例。

五、船舶高压岸电技术

随着环保要求的提高，越来越多的码头和船舶采用了新型的高压岸电系统，可以在船舶正常靠港作业期间停用船上的发电机组，而改为岸电供电。由于该系统的供电负荷大，有时需要高压输送电能，且部分应用船舶的供电系统本身就采用高压，故该系统被称为高压岸电系统。

1. 高压岸电技术简介

近年来，我国大力推进"以电带油"，通过采取行政要求、标准规范、试点示范等一系列措施，推进码头岸基供电设施改造，使靠港船舶用岸电替代燃油发电，有效减少大气污染物排放。早在 2010 年，在交通运输部在我国港口开展的岸电应用示范一期工程中，连云港港口集团率先建成了全国首套高压岸电系统，供 1.5 万 t "中韩之星"客货船使用。到目前为止，在我国沿海、内河港口码头已建成近百项岸电项目，为我国绿色航运发展以及实现"双碳"目标奠定了基础。

国家非常重视高水平的科研创新对高压岸电发展的引领作用，近年来提出的变频岸电电源协同工作模式和控制方法适用于大型集装箱码头岸电系统，集成研发的快速插接、柔性供能、分布式级联等岸电应用技术大大提升了大容量船舶岸电设施的灵活便捷性、适应性、响应速度。在此基础上，一系列国家标准、行业标准和技术指南的推出，为岸电推广发挥了关键作用。2020 年 3 月，由交通运输部水运科学研究院牵头编制的《国际航行船舶岸电安全操作导则》在国际海事组织（IMO）大会通过审议，为国际航行船舶安全使用岸电提供了中国方案。

新型的高压岸电系统可分为三个组成部分：

（1）岸上供电系统：岸上供电系统使电力从高压变电站供应到靠近船舶的连接点。

（2）电缆连接设备：连接岸上连接点及船上受电装置间的电缆和设备，且电缆连接设备必须满足快速连接和储存的要求，不使用的时候储存在船上、岸上或者驳船上。

（3）船舶受电系统：在船上固定安装受电系统，可能包括电缆绞车、船上变压变频装置和相关电气管理系统等。

2. AMP 高压岸电系统

目前 AMP（Alternative Marine Power）码头高压岸电技术已在全世界的航运业领域得到了广泛的推广应用,包括国内主要航运企业和港口。早在 2004 年,中海集运"新扬州"号就实现了在靠泊洛杉矶码头时使用 AMP 岸电系统。河北远洋集团于 2010 年研发成功全球首套高压变频数字化船用岸电系统,并安装在新建船舶"富强中国"号上。

如图 16-9 所示,在高压供电船舶上的岸电 AMP 系统一般由高压岸电电缆绞车、岸电连接屏(内设高压岸电接头)、岸电接收屏(内设 VCB 真空断路器)、电缆等组成。

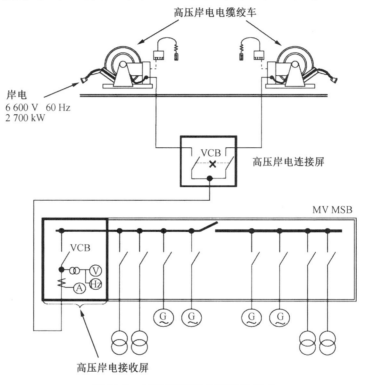

图 16-9　AMP 高压岸电系统的组成

某船的高压岸电连接屏如图 16-10 所示,分为岸电进线屏和出线屏,结构与主开关柜相同。进线屏的仪表室面板安装专用高压保护模块 1 个,每屏内部各设有手车式真空断路器和接地开关 1 个。开关柜具有完善的电气及机械式五防保护措施。开关柜还配有一个真空断路器专用手车,便于维护修理时移动真空断路器。

高压岸电的插头和插座如图 16-11 所示。配备联锁保护功能,当插头拔出时,插座将自动断电,以确保操作人员安全。插头、插座上均配有保护盖的机械锁装置,停用时可以上锁,防止误打开保护盖发生危险。

3. AMP 高压岸电系统的安全换接操作

高压岸电 AMP 系统的操作是在轮机长的领导指挥下,由轮机部和甲板部共同完成的。整个操作过程必须有两名以上专业人员参加,电子电气员具体操作,一名轮机员协助,其主要包括以下步骤:

图 16-10　AMP 高压岸电连接屏　　　　图 16-11　AMP 高压岸电系统的插头和插座

（1）船舶 AMP 岸电系统接地放电

接岸电前，码头 AMP 服务工程师上船接洽，并要求船舶 AMP 岸电系统进行接地放电。在码头 AMP 服务工程师见证下，电子电气员在高压连接屏上完成接地放电程序。

（2）电缆的送岸连接

连接岸电时，用专用手柄转动丝杆移门，将门开至最大。然后将液压电缆搁架上的液压转换手柄 IN/OUT 放在 OUT 位置，用手柄泵油，将搁架向船舷放出。需要注意的是，只有在搁架向船舷方向完全放出时（搁架底边框触及限位开关），才能进行下一步电缆绞车的操作。

操作按钮，通过马达转动电缆绞车将电缆徐徐放到码头上。待码头 AMP 服务工程师将高压岸电电缆插头（如图 16-11 右侧图所示）与码头上的岸电插座相连，且将套在电缆插头处的钢丝网编织绳固定在码头上。岸电绞车的操作完毕。

将遥控按钮盒上的"手动/自动"开关置放在"自动"位置。电缆绞车有自动收放功能（类似自动绞缆机），在码头装卸货物或潮涨潮落时，能够保持电缆在设定张力下伸出一定的长度，间隔一定时间自动收绞一次，可有效保护电缆不受外力损坏。当电缆的张力超过整定值时，马达将向电缆放松的方向转动。

（3）AMP 应急断电线路的连接、试验和送电

AMP 应急断电线路的工作原理是将各应急停止控制触点接入 AMP 高压岸电真空断路器的脱扣控制回路（电源电压 110 V AC），当按下任何一个"应急停止 AMP 系统"按钮或 AMP 电缆绞车上仅存最后一圈电缆时，自动断开高压岸电开关，起到应急保护的作用。

码头 AMP 服务工程师接妥高压电缆插头后，提供应急断电线路电源（110 V AC）。电子电气员配合，在尾岸电箱、SC 岸电连接屏、MM 高压配电板上的岸电控制屏等三处，按照岸上人员指挥操作应急断电按钮，做应急断电试验。码头 AMP 服务工程师确认试验成功，就完成了 6 600 V 高压电 AMP 的全部供电准备工作，随时可通知岸上合闸供电。

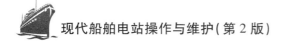

(4)同步检验

接到码头 AMP 服务工程师"已送电"的通知后,电子电气员在岸电连接屏检查岸电相序是否正确。若不正确,则通知码头 AMP 工程师换相。电子电气员还应分别检查高压岸电的电压、频率等参数。在上述参数均为正常的情况下,手动合上岸电连接屏上的高压岸电开关,将 6 600 V 的电源送至主配电板上。

(5)高压配电板合闸送电

高压配电板合闸送电可通过以下两种方式来接通岸电电源:

①断电方式

断开船上大容量的用电设备,按下发电机分闸按钮全船失电,接着按下 AMP 的合闸按钮接通岸电电源,恢复船舶供电。

②不断电方式

在确认岸电相序正确后进行并车操作,并车的条件包括:船舶主发电机单机运行;电压相等;频率相等;相位相等。并车方式(手动或自动准同步)可以通过同步屏上的转换开关进行选择。

需要注意的是,船舶电网中并联运行的发电机必须在降低负荷后改为单台发电机运行,否则不能进行并车操作。

手动准同步时,并车操作可按发电机并车操作规程进行,但在并车过程中只能调节船舶发电机的电压、频率和相位。

自动准同步时,选择"AUTO"方式,电力管理系统将视岸电为另一台船舶发电机,进行岸电和船电的自动并车、负荷转移、发电机自动解列及自动停车的控制。自动并车和负荷转移的过程延续约 10 s,10 s 后发电机的 VCB 将自动分闸。

按下 AMP 合闸按钮后,经过自动准同步并车后,船舶发电机自动进行负载转移、分闸,机舱在不断电的情况下完成岸电供应转换(类似发电机组的转换操作)。

上述两种准同步的操作可按主配电板的发电机并联操作规程来进行。当负荷增加到最大值或岸电突然消失的时候,应立即启动一台船舶发电机。实际操作中出于安全的考虑,岸方一般都要求船舶断电后接通高压岸电。

3. 高压岸电连接后的运行管理

高压岸电连接后,由于该岸电系统的容量为一台发电机的容量,轮机长、电子电气员应严格控制船舶负荷的使用,避免岸电过载。

码头馈电时,主配电板/应急配电板的自动手动开关应放在手动位置。一旦岸电系统出现故障一时不能修复,船舶不能长时间处于停电状态,应立即使用船舶发电机供电。

当发电机负荷转移至岸电系统且发电机退出电网时,启动相关的辅助设备,主机保持暖缸,燃油黏度计保持设定值。副机预供油泵等为副机的服务的泵处于工作状态。

虽然岸电接收屏上有真空断路器 VCB、接地开关、相序指示仪、数字式多功能表(可进行电压、频率、电流和功率指示)等,并通过数字式继电器实现岸电的过电流保护(长延时、短延时)和欠压/断相保护,但是岸电接收屏发生问题,这些参数都送不到机舱集中报警系统中进行报警。使用岸电时,机舱人员按正常的值班制度进行值班,机舱和甲板的值班人员应对整个岸电系统的设备进行固定时间的巡回检查,重点检查岸电绞车及其电缆的状况(包括装卸及潮涨潮落等)是否正常,电缆是否过紧或过松。

4. 岸电供电结束时的恢复程序

船舶离码头前 2 h,停止岸电电源的供应。船长应与码头 AMP 服务工程师联系。轮机长指示轮机员将一台副机手动启动达额定转速。在将岸电电源退出电网前需将负载降至一台发电机容量的 90% 以下。按手动或自动同步方式,选择确定并车方法和模式。将启动成功的发电机并入电网,然后转换成船舶发电机供电。

记下电度表的读数,以便结算电费。

接着在高压岸电连接屏上分闸,并依次进行:

(1)通知码头 AMP 服务工程师停止供电,断开码头上的岸电开关(当然,船舶此时也可按下应急断电按钮,遥控岸上分闸断电);

(2)配合岸上码头 AMP 服务工程师脱开电缆连接;

(3)在确认岸电无电的情况下,操纵 6 600 V 高压电缆绞车将岸电电缆从码头上收回;

(4)操纵收起液压导缆托架,收回液压电缆搁架。

实 训 任 务

1. 船舶高压电力系统中,一般分为几个层次,又各有何用电负载?
2. 何为船舶高压开关柜的五防保护措施? 其一般又是如何实现的?
3. 高压发电机维护工作中应注意哪些事项?
4. 根据高压电力系统船舶的电站设备运行情况,对接地和隔离开关进行正确操作。

实 训 视 频

1. 高压开关柜操作

2. 真空断路器抽出操作

附录

附录 1 为船舶电站控制线路图(主配电板),包括 25 张附图:附图 1-1 为某船主配电板单线图;附图 1-2 为发电机控制屏的控制电源电路;附图 1-3 为仪表测量及检测电路;附图 1-4 为电站管理电路(PPU 的接线);附图 1-5 为 CB(发电机主开关)控制电路;附图 1-6 为辅助继电器电路(发电机 CB 控制);附图 1-7 为指示灯及运行计时电路;附图 1-8 为辅助继电器电路(发电机控制);附图 1-9 为发电机启停电路;附图 1-10 为发电机调速及调压电路;附图 1-11 为空间加热器控制电路;附图 1-12 为主配电板的外部接线端子图;附图 1-13 为并车屏同步选择及测量电路;附图 1-14 为主配电板的面板照明控制电路;附图 1-15 为 DC 24 V 控制电源电路;附图 1-16 为绝缘监测及接地灯电路;附图 1-17 为紧急切断和预脱扣器电路(一);附图 1-18 为紧急切断和预脱扣器电路(二);附图 1-19 为岸电控制电源电路;附图 1-20 为岸电测量电路;附图 1-21 为岸电 UVT 控制电路;附图 1-22 为一号照明变压器过载电路;附图 1-23 为主配电板的照明控制电源电路;附图 1-24 为二号照明变压器 CB 控制电路;附图 1-25 为二号照明变压器辅助继电器及指示灯电路。

附录 2 为船舶电站控制线路图(应急配电板),包括 4 张附图:附图 2-1 为应急发电机 CB 控制电路;附图 2-2 为辅助继电器电路应急发电机 CB 控制;附图 2-3 为联络开关辅助继电器电路;附图 2-4 为联络 CB 控制电路。

附录 3 为船舶电站与自动化实操训练要求,包括船舶电站操作与维护(沿船及无限航区,750 kW 及以上船舶电子电气员)、电子电气管理与工艺(沿海及无限航区,750 kW 及以上船舶电子电气员)、电气与自动控制(未满 750 kW 船舶二/三管轮)、电气与自动控制(750 kW 及以上船舶二/三管轮)、电气与自动控制(750 kW 及以上船舶大管轮)。附录 4 为船舶电站英文词汇。

附录1　船舶电站控制线路图（主配电板）

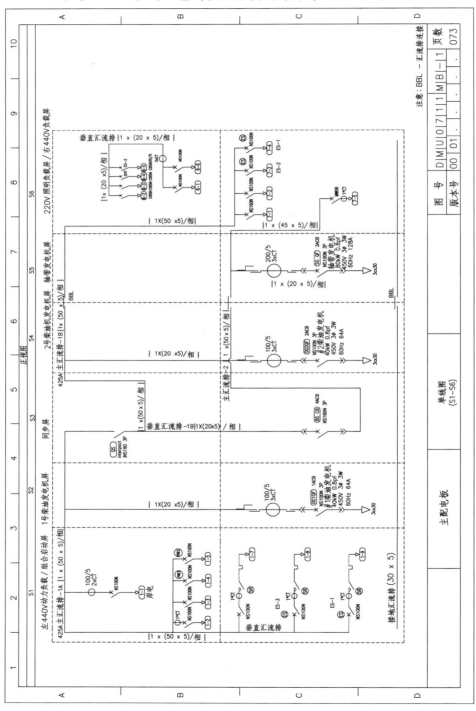

附图1-1　某船主配电板单线图

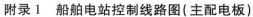

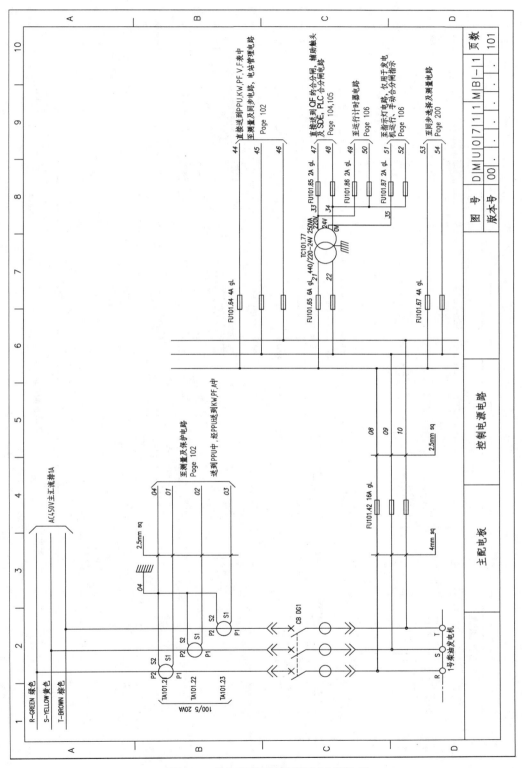

附图1-2　发电机控制屏的控制电源电路

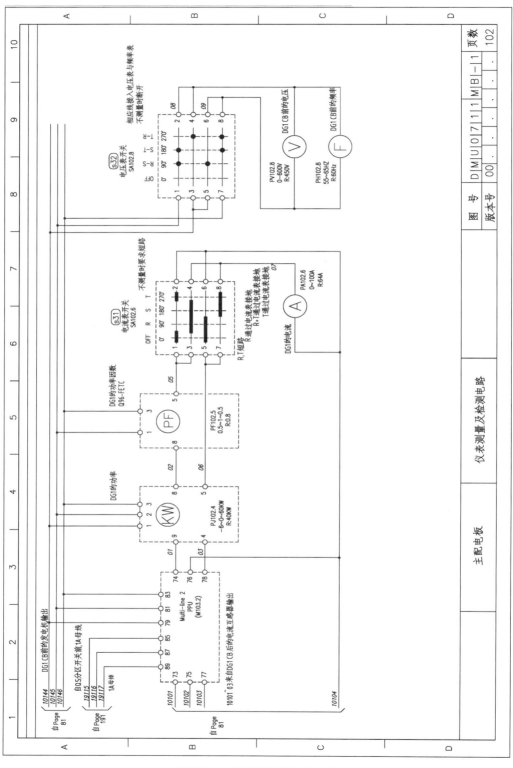

附图 1-3　仪表测量及检测电路

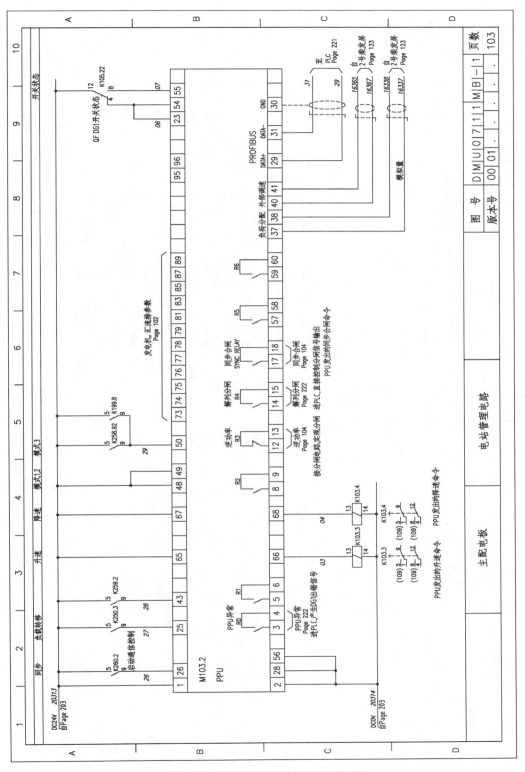

附图1-4　电站管理电路(PPU的接线)

现代船舶电站操作与维护(第2版)

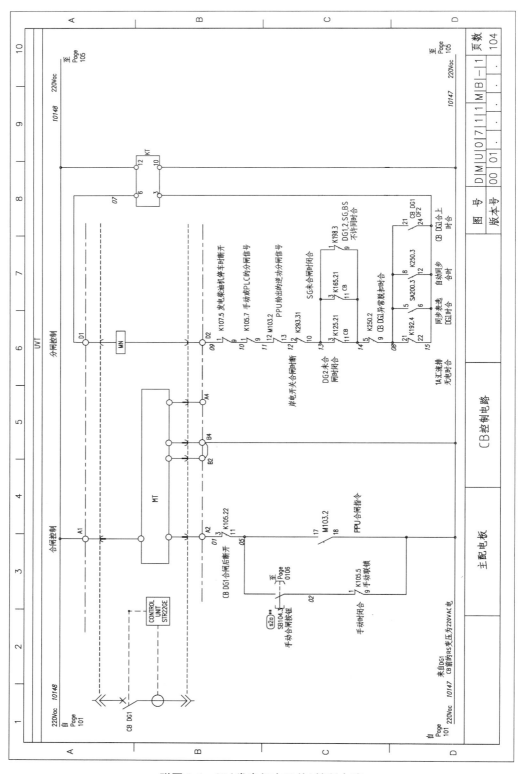

附图 1-5　CB(发电机主开关)控制电路

— 118 —

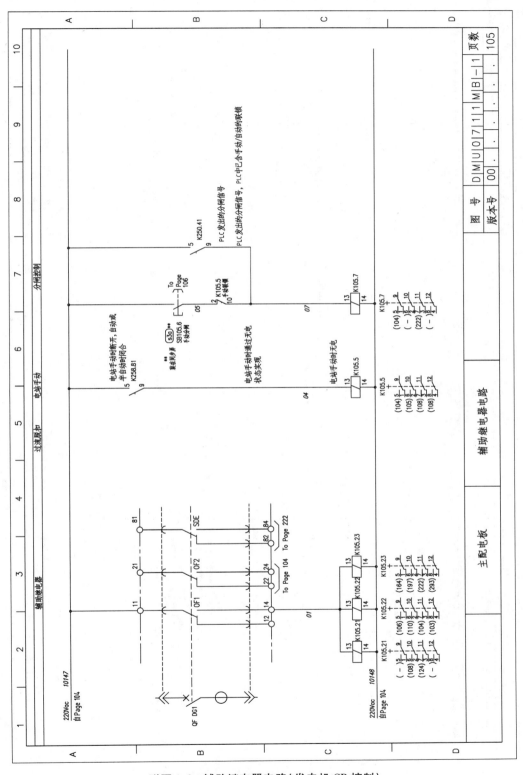

附图 1-6 辅助继电器电路(发电机 CB 控制)

现代船舶电站操作与维护(第2版)

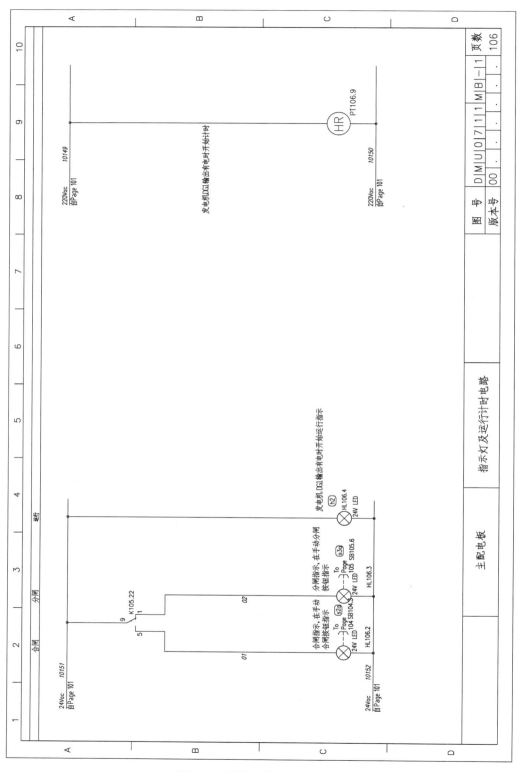

附图1-7　指示灯及运行计时电路

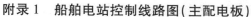

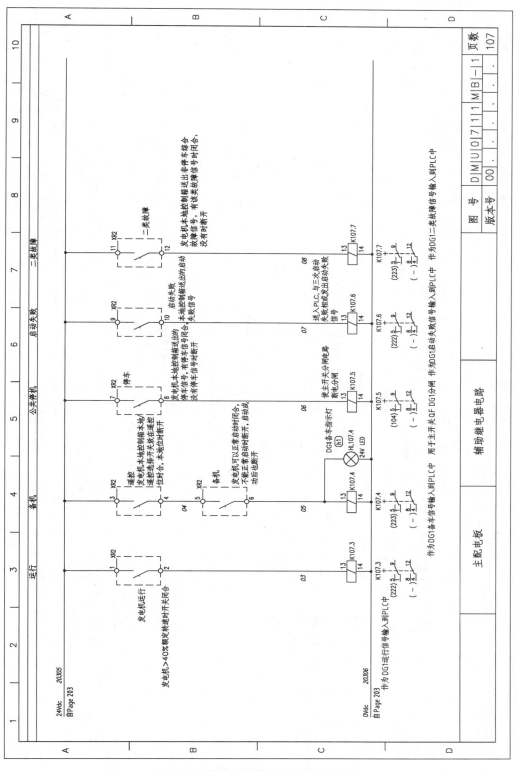

附图 1-8　辅助继电器电路（发电机控制）

现代船舶电站操作与维护(第2版)

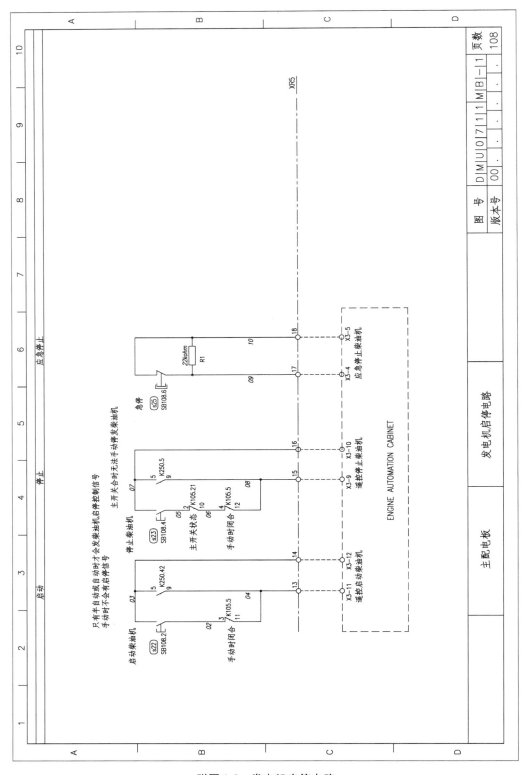

附图1-9　发电机启停电路

— 122 —

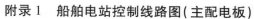

附录1 船舶电站控制线路图(主配电板)

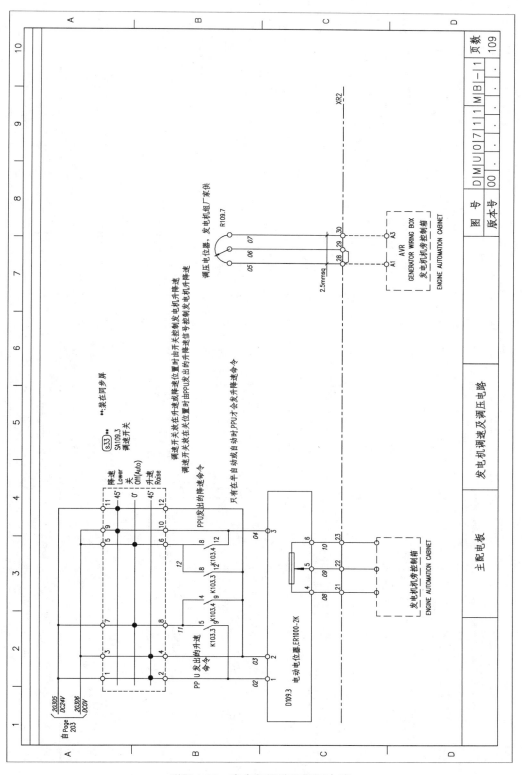

附图1-10 发电机调速及调压电路

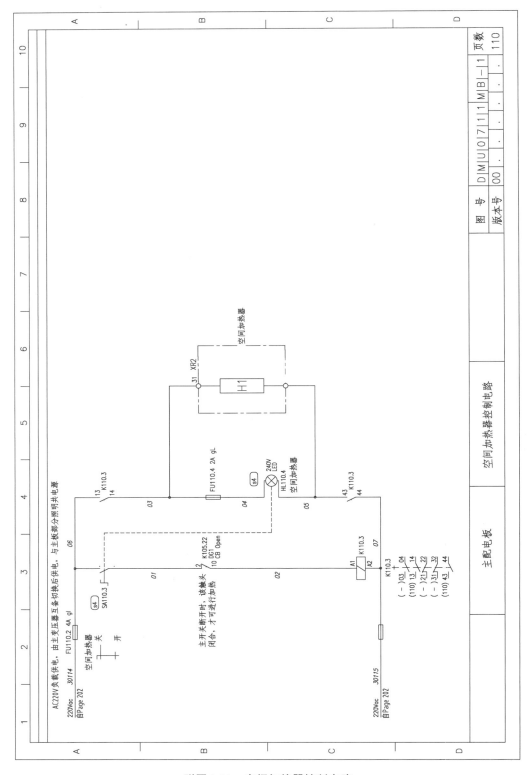

附图 1-11　空间加热器控制电路

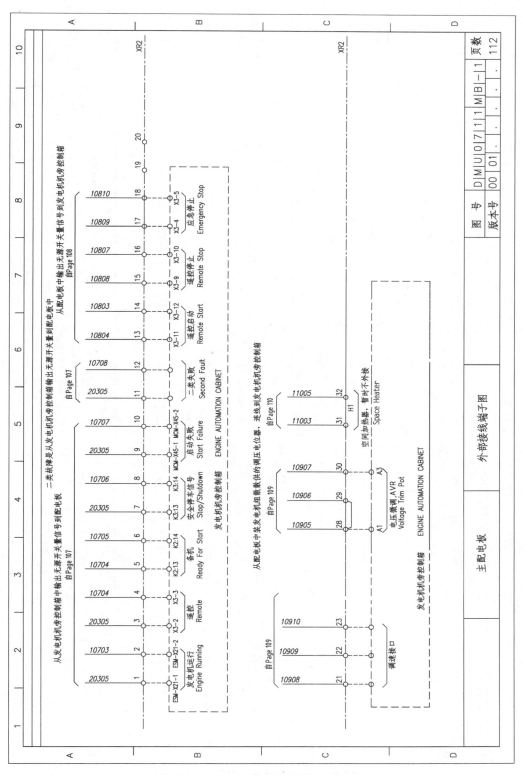

附图1-12 主配电板的外部接线端子图

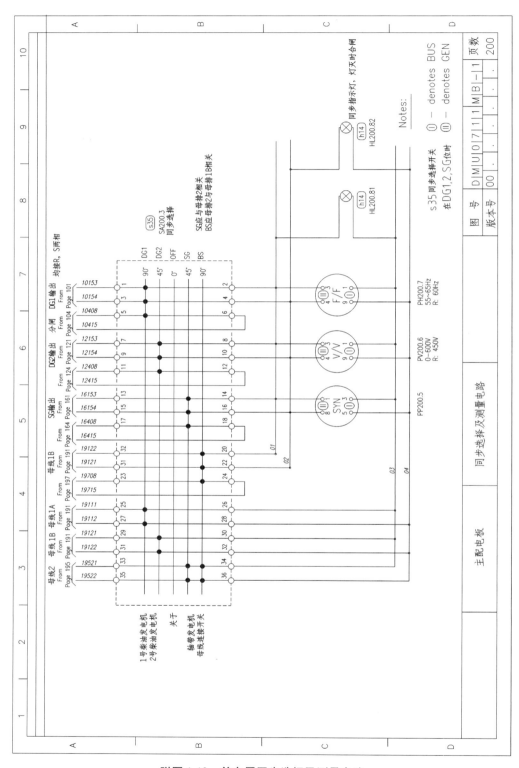

附图 1-13　并车屏同步选择及测量电路

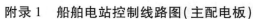

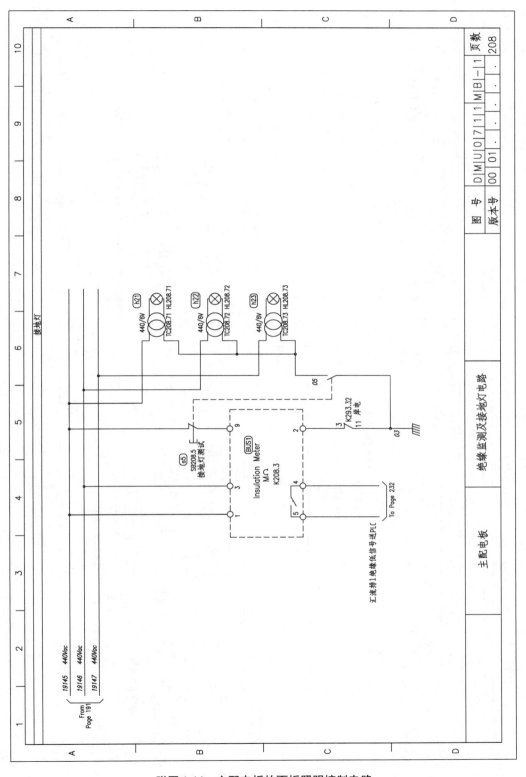

附图 1-14　主配电板的面板照明控制电路

现代船舶电站操作与维护(第 2 版)

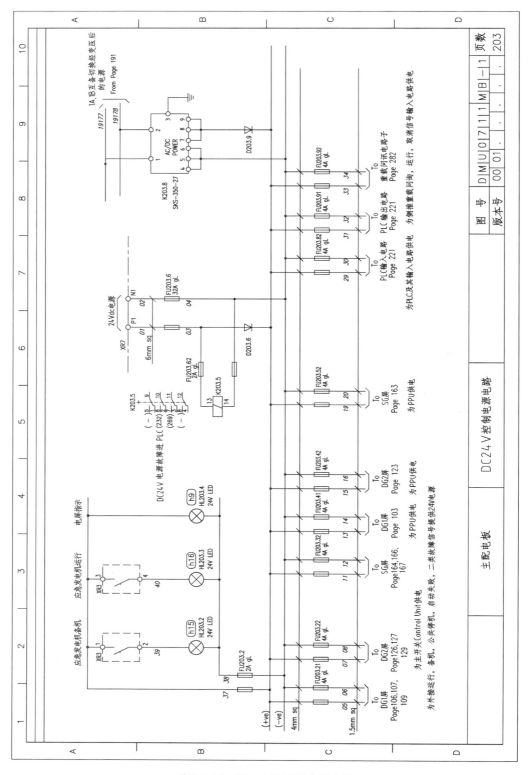

附图 1-15　DC 24 V 控制电源电路

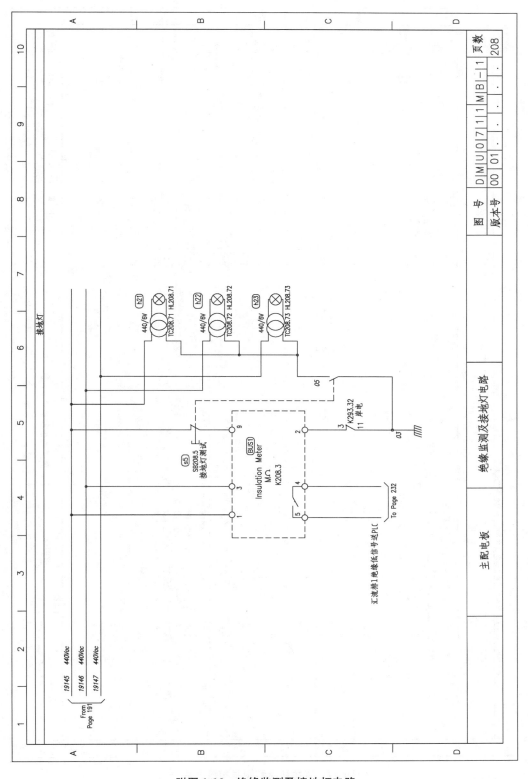

附图 1-16 绝缘监测及接地灯电路

現代船舶电站操作与维护(第2版)

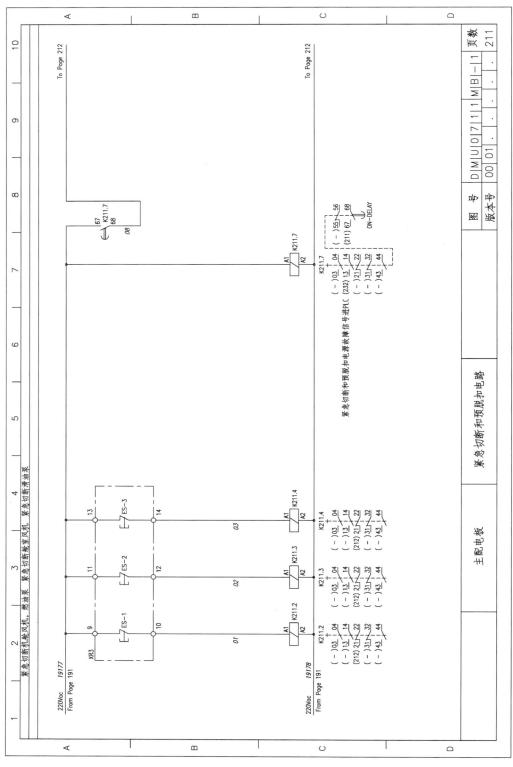

附图1-17　紧急切断和预脱扣器电路(一)

— 130 —

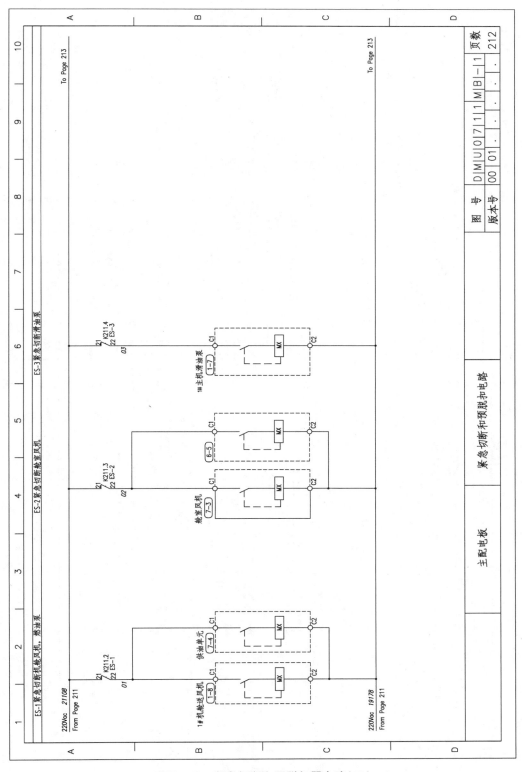

附图 1-18　紧急切断和预脱扣器电路(二)

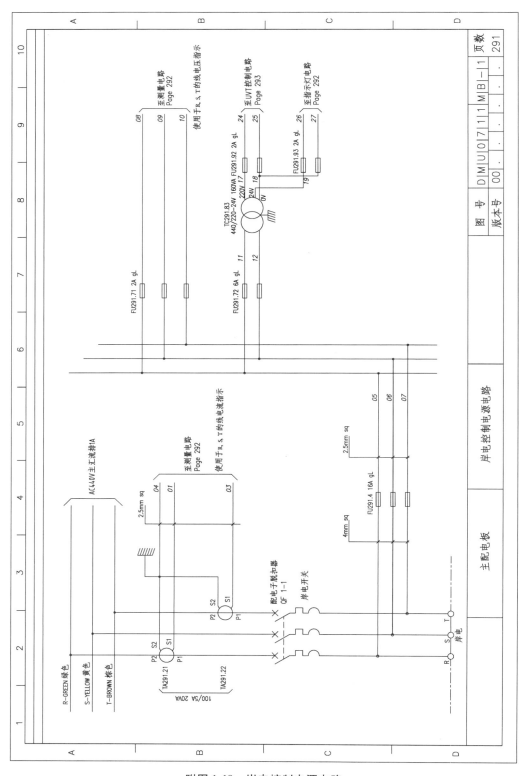

附图 1-19　岸电控制电源电路

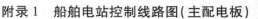

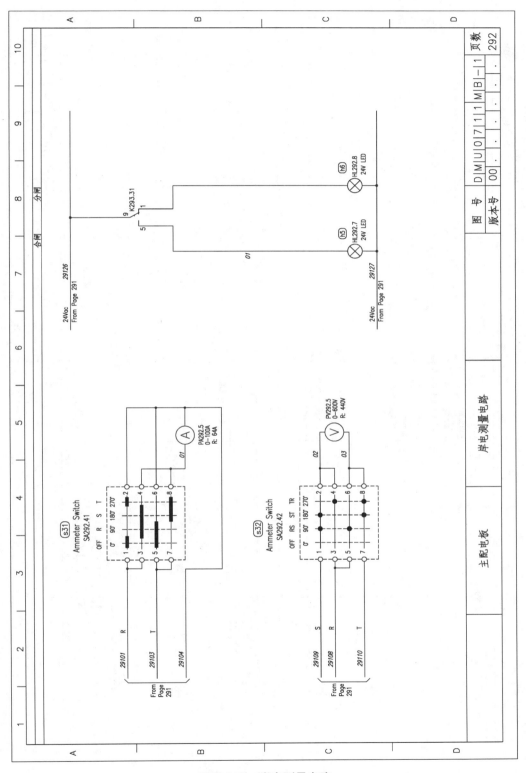

附图 1-20 岸电测量电路

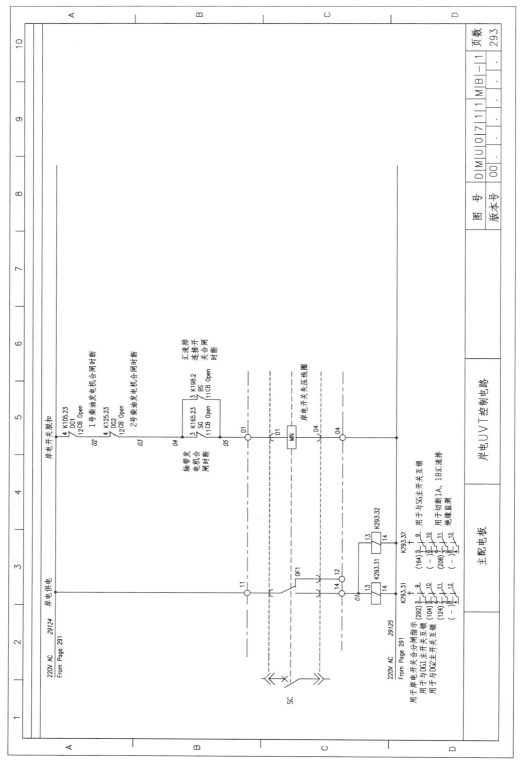

附图 1-21　岸电 UVT 控制电路

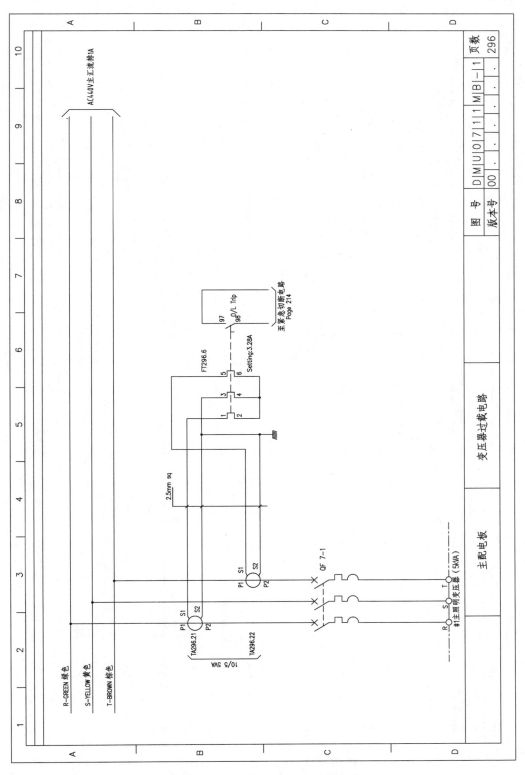

附图 1-22　一号照明变压器过载电路

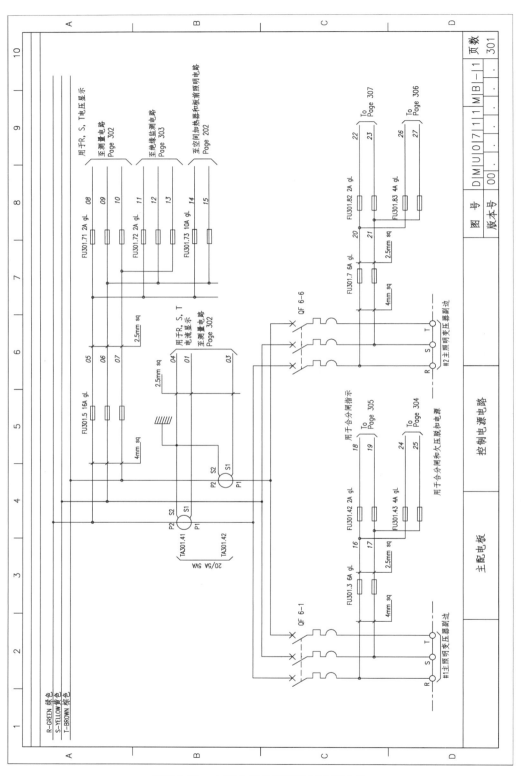

附图 1-23　主配电板的照明控制电源电路

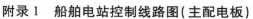

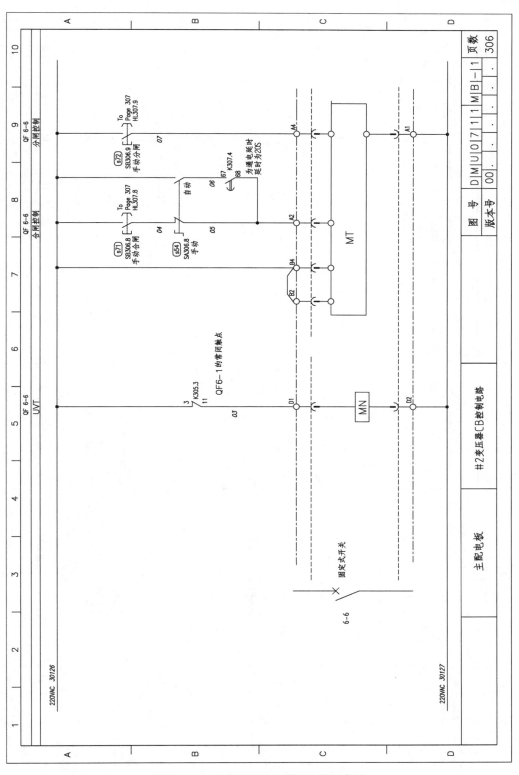

附图 1-24　二号照明变压器 CB 控制电路

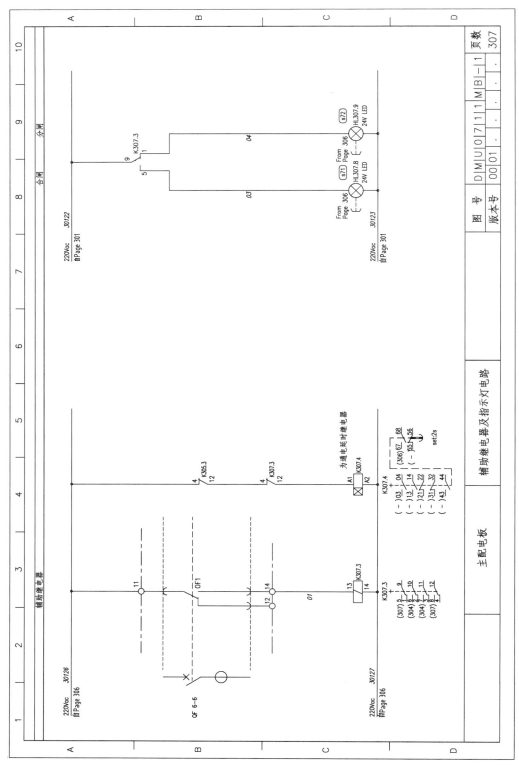

附图 1-25　二号照明变压器辅助继电器及指示灯电路

附录 2 船舶电站控制线路图（应急配电板）

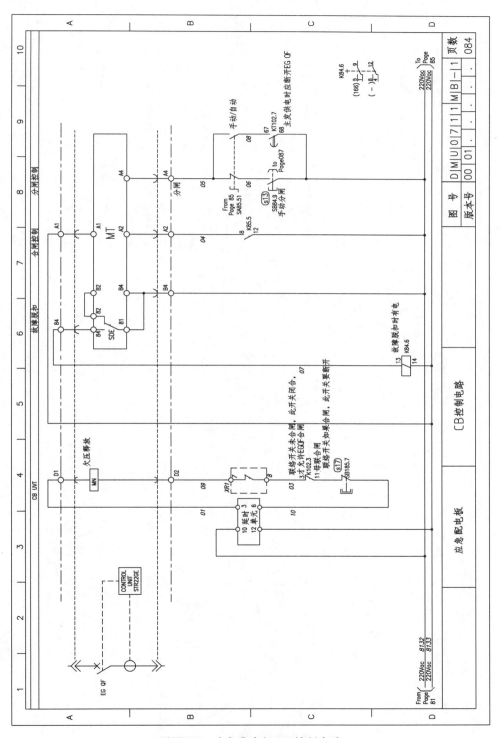

附图 2-1 应急发电机 CB 控制电路

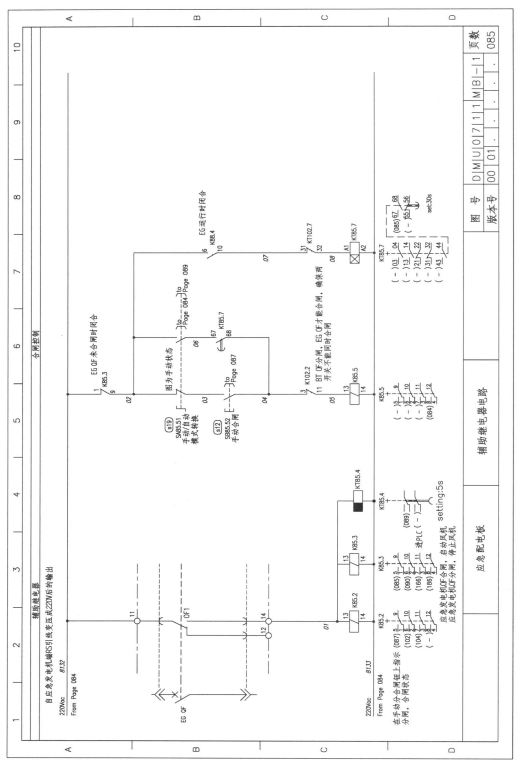

附图 2-2　辅助继电器电路应急发电机 CB 控制

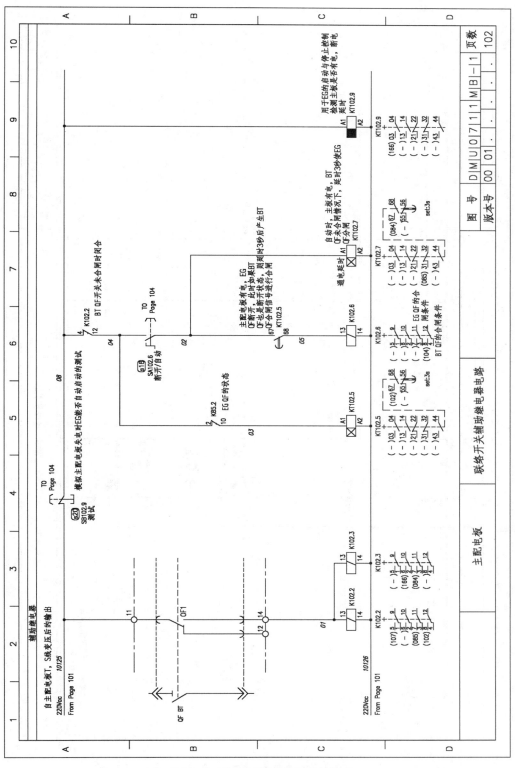

附图2-3 联络开关辅助继电器电路

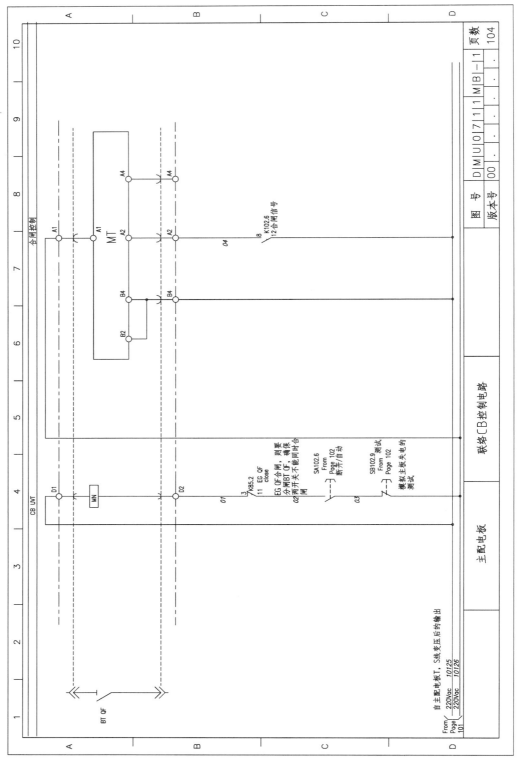

附图 2-4　联络 CB 控制电路

附录3　船舶电站与自动化实操训练要求

船舶电站操作与维护
（沿船及无限航区，750 kW 及以上船舶电子电气员）

相关评估内容：

1. 船舶发电机手动并车操作
（1）同步表法手动准同步并车
（2）灯光明暗或灯光旋转法同步并车
（3）并联运行发电机组的负荷转移、分配及解列

2. 发电机主开关操作与维护
（1）船舶发电机主开关基本结构识别
（2）船舶发电机主开关手柄合闸、分闸操作
（3）船舶发电机主开关合闸失败的原因判断及排除
（4）船舶发电机主开关故障跳闸的原因判断及排除
（5）非自动化电站主开关跳闸的应急处理
（6）自动化电站主开关跳闸的应急处理
（7）主开关的维护
（8）主开关的功能试验及方法

3. 船舶发电机的继电保护
（1）船舶发电机外部短路、过载故障的原因判断及排除
（2）船舶发电机欠压故障的原因判断及排除
（3）船舶发电机逆功率故障的原因判断及排除

4. 船舶电网故障
（1）船舶电网绝缘降低故障的原因判断及排除
（2）船舶电网单相接地故障的原因判断及排除

5. 船舶应急配电板与岸电箱
（1）船舶应急配电板的功能试验
（2）主电源、应急电源及岸电的切换

6. 发电机并车及保护控制器 GPC（或 PPU）的参数查询和操作

7. 船舶高压供电系统的操作和维护

电子电气管理与工艺
(沿海及无限航区,750 kW 及以上船舶电子电气员)

相关评估内容:

1. 蓄电池及充放电系统的维护

(1)测定蓄电池电压和电解液比重,判别蓄电池充放电状态

(2)蓄电池进行充放电操作

(3)蓄电池的维护及安全注意事项

电气与自动控制
(未满 750 kW 船舶二/三管轮)

相关评估内容:

1. 船用蓄电池

(1)测定蓄电池电压和电解液比重,判断蓄电池的状态

(2)蓄电池充电与过充电

(3)蓄电池维护保养要求及使用注意事项

2. 船舶电站手动操作

(1)发电机手动准同步并车

(2)并联运行发电机组的负荷转移及分配

(3)发电机组的解列

3. 船舶电站的管理与维护

(1)主配电板安全运行管理

(2)发电机主开关跳闸的应急处理

(3)岸电箱的使用及其功能试验

电气与自动控制
(750 kW 及以上船舶二/三管轮)

相关评估内容:

1. 船舶电力系统的继电保护及主要故障的判断和排除

(1)自动空气断路器的维护、主要故障的判断及排除

(2)发电机外部短路、过载、失(欠)压和逆功率故障的判断

(3)船舶电网绝缘降低和单相接地故障的查找

2. 船用蓄电池

(1)测定蓄电池电压和电解液比重,判断蓄电池的状态

(2)蓄电池充电与过充电

(3)蓄电池维护保养要求及使用注意事项

3.船舶电站手动操作
（1）发电机手动准同步并车
（2）并联运行发电机组的负荷转移及分配
（3）发电机组的解列
4.船舶电站的管理与维护
（1）主配电板安全运行管理
（2）发电机主开关跳闸的应急处理
（3）船舶应急配电板与应急发电机功能试验
（4）岸电箱的使用及其功能试验
（5）船舶自动化电站

电气与自动控制
（750 kW 及以上船舶大管轮）

相关评估内容：
1.船舶电力系统的继电保护及主要故障的判断和排除
（1）自动空气断路器的维护、主要故障的判断及排除
（2）发电机外部短路、过载、失（欠）压和逆功率故障的判断
（3）无功功率分配装置故障的判断及排除（均压线、电压调整装置）
（4）同步发电机的自励恒压装置与发电机组的无功功率分配手动调节
2.船舶电站的管理与维护
（1）主配电板安全运行管理
（2）发电机主开关跳闸的应急处理
（3）船舶应急配电板与应急发电机功能试验
（4）岸电箱的使用及其功能试验
（5）船舶自动化电站

附录 4　船舶电站英文词汇

　　此部分包括船舶常规电站、自动化电站、高压电力系统等部分常见的专业英文词汇。为方便读者查找,故按照相关领域和设备类型分为以下六组,每组词汇按照中文首字语音排序。

一、船舶电力系统及配电装置

岸电 shore power

岸电开关 shore power switch

岸电箱 shore power panel, shore connection box

按钮开关 push button switch, PB switch

报警器确认 alarm acknowledge

报警声光试验 buzzer/lamp test

备用 stand-by

变压器绕组 transformer winding

变压器铁芯 transformer core

并车屏 synchronizing board

常闭 normally close

常开 normally open

充放电板 charging & discharging board

抽屉型 draw-out type

储能弹簧 charging spring

触头 contact

船舶通信和导航设备 communication & navigation equipments

导电芯线 conductive cores

电磁脱扣器 electric-magnetic tripper

电动机 electric motor

电度表 kWh meter

电感性功率因数 inductive power factor

电缆 electric cable

电力拖动 electric towage

电流表 current meter

电流互感器 current transformer

电热 heating

电容性功率因数 capacitive power factor

电网 power network, power grid

电线 electric wire

电压表 voltage meter

电压互感器 voltage transformer

电源 power source

电站 power plant

电站控制模式选择 PMS mode selection

电子脱扣器 electronic tripper

动触头 moving contact

短路 short circuit

额定电流 rated current

额定电压 rated voltage

额定频率 rated frequency

发电机控制屏 generator control board

发电机组 generator set

分励脱扣器 shunt tripper,SHT

分励脱扣线圈 shunt trip coil

分配电箱 distribution box

辅助触头 auxiliary contact

负荷 load

负载屏 load board

干线(树干)式 trunk style

高参数系统 high parameters system

工况 working condition

功率表 power meter

功率因数表 power factor meter

功能测试 function test

供电 power supply

供电网络 supplying network

固定型 fixed type

过流继电器 over-current relay, OCR

过流脱扣器 over-current tripper

过载 over load

合闸机构 closing mechanism

汇流排 bus bar

交流 alternating current,AC

接地 earthing, grounding

接地灯 earth lamp, ground detecting lamp

结线方式 connecting method

静触头 fixed contact, stationary contact

绝缘 insulation

绝缘表 insulation meter

绝缘电阻 insulation resistance

开关 switch

空间加热器 space heater

空气断路器 air circuit breaker，ACB

馈线（放射）式 radio style

灭弧室 arc chamber

灭弧系统 arc extinguishing system

逆序继电器 reverse-sequence relay

逆功率 reverse power

逆功率继电器 reverse-power relay

配电 power distribution

配电板式兆欧表 panel megameter

配电开关 distribution switch

配电网络 distribution network

配电装置 distribution equipment

频率表 frequency meter

欠压 under voltage

热脱扣器 thermal tripper

容量 capacity

熔断器 fuse

三相三线制 three-phase three-wire system

三相四线制 three-phase four-wire system

设定电流 setting circuit

设定时间 setting time

失压脱扣器 under-voltage tripper，UVT

手动、自动、半自动 manual/auto/semi auto

塑壳式断路器 molded case circuit breaker，MCCB

锁扣装置 locking equipment

脱扣 trip

脱扣器 tripper

无熔断器式开关 no-fused breaker，NFB

线制 wiring system

相序 phase sequence

相序表 phase sequence meter

相序指示灯 phase sequence indicating lights

消闪（定光） flicker stop

消声（音） buzzer stop

旋钮 knob switch

旋转开关 rotary switch

应急发电机 emergency generator

应急配电板 emergency switchboard，ESB

应急切断 emergency switching-off

再扣 reset

照明 lighting

照明变压器 lighting transformer

直流 direct current，DC

主触头 main contact

主开关 main switch

主配电板 main switchboard，MSB

装置式断路器，框架式断路器 frame type circuit breaker

自由脱扣机构 free releaser mechanism

组合启动屏 group starter panel，GSP

二、船用同步发电机、调压器及轴带发电机

闭环 closed loop

变换器 converter

不可控相复励 uncontrollable phase compound excitation

测量环节 measuring element

拆卸、拆解 dismantlement

充磁装置 magnetizing apparatus

触发脉冲电路 trigger pulse circuit

磁极 magnetic pole

粗调 rough adjustment

带曲折绕组的电磁叠加相复励装置（四绕组系统）electromagnetism superposition excitation device with interstarwinding（four windings system）

单结晶体管 uni-junction transistor，UJT

电磁叠加 electromagnetism superposition

电动发电机式 motor-generator type

电力电流互感器 electrical power current transformer

电流叠加 current superposition

电流复励 current compound excitation

电势叠加 potential superposition

电枢 armature

电压采样 sampling of voltage

电压偏差 voltage deviation

电压校正器 automatic voltage regulator，AVR

定距桨 fixed pitch propeller, FPP

定速类 constant speed type

定子 stator

动态特性 dynamic characteristic

多板离合器 multi-disc clutch

非定速类 variable speed type

分流 current dividing

峰值电压 peak voltage

负反馈 negative feedback

复合 compound

功率因数 power factor, PF

过励 overexcite

滑环 slip ring

环流 ring current

晶闸管 thyristor

晶闸管变换器式 SCR converter type

静态特性 static characteristic

开环 open loop

可变电阻器 variable resistor

可控硅 silicon controlled rectifier, SCR

可控相复励 controlled phase compound excitation

空气滤网 air-filter

励磁电流 exciting current

励磁回路 excitation circuit

励磁机 exciter

励磁绕组 exciting winding

逆变器 inverter

频率变动型 variable frequency type

频率稳定型 constant frequency type

强行励磁 reinforced excitation

绕组烘干 drying of winding

三绕组相复励 phase compound excitation with three windings

输出轴 output shaft

输入轴 input shaft

数字式调压器 digital voltage regulator, DVR

他励 separate excitation

弹性联轴器 flexible coupling

炭刷 carbon brush

调距桨 variable pitch propeller, adjustable pitch propeller, VPP; controllable pitch propeller,

CPP

  同步补偿器 synchronous condenser

  同步电路 synchronous circuit

  同步调相机 synchronous phase modifier

  同步发电机 synchronous generator

  透平发电机组 turbine generator, TG

  无刷的 brushless

  无刷发电机 brushless generator

  精调 fine adjustment

  相补偿 phase compensation

  相复励 phase compound exciting

  旋转整流器 rotary rectifier

  压敏电阻 piezoresistor, varistor

  液压泵 hydraulic pump

  液压马达 hydraulic motor

  移相电抗器 phase shifting reactor

  移相电路 phase shifting circuit

  异步发电机式 asynchronous generator type

  有刷发电机 generator with brushes

  运算调节器 operational adjustor, operation regulator

  增速机构 speed-up gear

  整流器 rectifier

  正反馈 positive feedback

  轴带发电电动装置 shaft generator & electric actuator

  轴带发电机 shaft generator

  转子 rotor

  自动电压调整器（调压器）automatic voltage adjuster

  自励 self excitation

三、同步发电机组的并联运行

  LED 式同步指示器 LED synchrometer

  保护和并车单元 protection and paralleling unit（PPU）

  备用发电机组 stand-by generator set

  并车 synchronize, parallel operation

  并车电抗器 synchronizing reactor

  并联运行 parallel running

  差动电流互感器 differential current transformer

  冲击电流 shock current, impact current, impulse current

  灯光明暗法 lights shading method

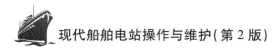

灯光旋转法 lights rotary method

电磁式同步表 electro-magnetic synchrometer

电动势 electric motive force, EMF

电感性 inductive

电抗器 reactor

电抗器并车(粗同步并车) reactance synchronizing (coarse synchronization)

电容性 capacitive

电位器 potentiometer

电压调整特性 voltage regulation characteristic

电压降 voltage drop

电子调速器 electronic governor

调节弹簧 regulating spring

二次调节 secondary adjustment

反相位 reversed phase, inverse phase

负载分配 load sharing

功频静特性 the power-frequency static characteristic

合闸提前角 angle of advance for switching on

环流补偿装置 circulating current compensation device

机械式调速器 mechanical speed governor

均功恒频控制 load equal distribution & constant frequency control

均压 voltage equalizing

均压线 equalizing wire

离心式的 centrifugal

理想条件 ideal condition

脉动电压 pulsating voltage

逆时针 counter-clockwise

频率调节 frequency adjustment

实际条件 practical condition

双电压表 double voltage meter

双频率表 double frequency meter

顺时针 clockwise

伺服马达 servo motor

速度降 speed drop

同步表 synchro meter, synchro indicator

同步指示灯 synchro lights

同相位 same phase

外特性 external characteristic

无功电流 reactive current

无功功率 reactive power

相位差 phase difference

液压调速器 hydraulic governor

一次调节 primary adjustment

油门手柄 governor handle

有功电流 active current

有功功率 active power

准同步并车 accurate synchronization, punctual synchronization

四、船用蓄电池及应急电源

比重 specific gravity, SG

比重计 hydrometer

充电 charge a battery, battery charging

初充电 initial charging

传统铅酸蓄电池 traditional lead acid battery

电池组 battery group, battery pack

电解液 electrolyte

放电 discharging

放电计 discharging meter

分段恒流充电 multi-stage constant current charging

浮充电 float charging, floating charging

负极板 negative plate

过充 over-charged

过充电 over charging, overcharge

恒流充电 constant-current charging

恒压充电 constant-voltage charging

碱性蓄电池 alkaline storage battery

经常充电 frequent charging

均衡充电 equalizing charging

快速充电 fast charging, quick charging

联络开关 interconnection switch

硫化 vulcanization

硫酸 sulfuric acid

密度 density

免维护型蓄电池 maintenance free battery

容量 capacity

手动启动测试 manual starting test

酸性蓄电池 acidic storage battery

蓄电池 storage battery

应急电源 emergency power source

应急发电机组 emergency generator set

正极板 positive plate

主电源 main power source

自动(顺序)启动测试 sequence starting test

五、船舶电站自动化

侧推器 side thruster

差频电压 frequency difference voltage

差频三角波 frequency difference triangular wave

差频正弦波 frequency difference sine wave

超速 over-speed

超速转速 excessive speed

单稳态触发器 monostable flip-flop

点火转速 ignition speed

电力管理系统 automatic power management system,PMS

电压比较器 voltage comparator

电站自动化 power station automation

功能块 function block

积木块式 building-block layout

集散式控制 distributed control

解列 disconnection

局域网 local area network,LAN

零转速 zero speed

模拟信号 analog signal

频差变换器 frequency difference converter

频率变换器 frequency converter

数字信号 digital signal

双稳态触发器 bistable flip-flop

无人值班机舱 unattended machinery space,UMS

预热 pre-heat

预润滑 pre-lubrication

中央控制单元 central control unit

转移负荷 load shifting

子单元 sub-element

自动并车 auto-synchronizing

阻塞 block

六、船舶高压电力系统

吉欧表 GΩ megger

安全距离 safety distance

变频 frequency conversion

侧推器 lateral thruster

低压 LV, low voltage

电力推进 electric propulsion

多油断路器 bulk-oil circuit breaker

高压 HV, high voltage

高压断路器 HV circuit breaker

高压发电机 HV generator

高压开关柜 HV switch cubicles

隔离程序 isolation program

隔离开关 isolating switch

工程船 engineering ship

恢复程序 recovery program

接地开关 grounding switch

冷却水泄漏报警 cooling water leakage alarm

六氟化硫断路器 six fluoride sulfur（SF_6）circuit breaker

少油断路器 oil-poor circuit breaker

水冷 water cooled

五防 5 mis-operation prevention

旋转变流器 rotary converter

油断路器 oil circuit breaker

预充磁 pre-excitation

真空断路器 vacuum circuit breaker

中压 MV, medium voltage

参考文献

［1］高兴斌. 船舶电站与高压电力系统. 大连：大连海事大学出版社，2019.

［2］姜锦范. 船舶电站及自动化. 大连：大连海事大学出版社，2005.

［3］中国船级社. 钢质海船入级规范2018(第4分册). 北京：人民交通出版社，2018.

［4］IMO.《STCW公约马尼拉修正案》. London：IMO，2010.

［5］中华人民共和国海事局. 海船船员培训大纲(2021版). 大连：大连海事大学出版社，2021.

［6］中华人民共和国交通部. 中华人民共和国海船船员适任考试和发证规则. 大连：大连海事大学出版社，2012.